I0371848

www.ingramcontent.com/pod-product-compliance
Lightning Source LLC
Chambersburg PA
CBHW071418070526
44578CB00003B/604

9781989880722

شادی

قطعه گمشده پازل زندگی

مؤلف: مهری سلماسی

سریال کتاب: P2245110074

سرشناسه: SLM 2022

عنوان: شادی

زیرشاخه عنوان: قطعه گمشده پازل

پدیدآورنده: مهری سلماسی

شابک کانادا: ISBN: 978-1-989880-72-2

موضوع: رشد فردی، روانشناسی، شاد زیستن

متادیتا: Self-Help, Personal Growth، Happiness

مشخصات کتاب: رقعی، کتاب با صحافی مقوایی

تعداد صفحات: 154

تاریخ نشر در کانادا: ژانویه 2022

تاریخ و مکان نشر اولیه: 1400 ایران

هر گونه کپی و استفاده غیر قانونی شامل پیگرد قانونی است.
تمامی حقوق چاپ و انتشار در خارج از کشور ایران محفوظ و متعلق به انتشارات می‌باشد
Copyright @ 2022 by Kidsocado Publishing House
All Rights Reserved

Kidsocado Publishing House
خانه انتشارات کیدزوکادو

ونکوور، کانادا

تلفن: +1 (833) 633 8654
واتس آپ: +1 (236) 333 7242
ایمیل: info@kidsocado.com
وبسایت انتشارات: https://kidsocadopublishinghouse.com
وبسایت فروشگاه: https://kphclub.com

سلام هم زبان

دستیابی ایرانیان مقیم خارج از کشور به کتاب های بسیار متنوع و جدیدی که به تازگی در ایران نگاشته و چاپ می شود، محدود است. ما قصد داریم این خدمت را به فارسی زبانان دنیا هدیه دهیم تا آنها بتوانند مانند شما با یک کلیک کتاب‌هایی در زمینه های مختلف را خریداری کنند و درب منزل تحویل بگیرند.

خانه انتشارات کیدزوکادو تحت حمایت گروه کیدزوکادو این افتخار را دارد تا برای اولین بار کتاب‌های با ارزش تألیفی فارسی را در اختیار ایرانیان مقیم خارج از ایران قرار دهد.

از اینکه توانستیم کتابهای جدید و با ارزشی که به قلم عالی نویسنده‌گان و نخبگان خوب ایرانی نگاشته شده است را در اختیار شما قرار دهیم و در هر چه بیشتر معرفی کردن ایران و ایرانیان و فارسی زبانان قدم برداریم، بسیار احساس رضایتمندی داریم.

این کتاب‌ها تحت اجازه مستقیم نویسنده و یا انتشارات کتاب صورت گرفته و سود حاصله بعد از کسر هزینه‌ها، به نویسنده پرداخته می شود.

خانه انتشارات کیدزوکادو در قبال مطالب داخل کتاب هیچگونه مسئولیتی ندارد و صرفاً به عنوان یک انتشار دهنده می‌باشد. و شما خواننده عزیز ما را با گذاشتن نظرات در وب سایتی که کتاب را تهیه کرده‌اید به این کار فرهنگی دلگرمتر کنید. از کامنتی که در برگیرنده نظرتان نسبت به کتاب است عکس بگیرید و برای ما به این ایمیل بفرستید از هر 4 نفری که برایمان کامنت می‌فرستند، یک نفر یک کتاب رایگان دریافت می‌کند.

ایمیل : info@kidsocado.com

از شما خوانندۀ گرامی برای خرید این کتاب سپاسگزارم و صمیمانه به شما تبریک می‌گویم که برای آگاهی، یادگیری و رشد فردی خود سرمایه‌گذاری می‌کنید.

این کتاب را تقدیم می‌کنم به:

«دل‌شاد» و «حسن» که ملک را به دنیا هدیه کردند؛

«یاسمن» و «اسماعیل» که ابراهیم را به دنیا هدیه کردند؛

«ملک» و «ابراهیم» که به من فرصت زندگی را هدیه کردند؛

«منوچهر» همراه این روزهای زندگی‌ام؛

و

«ایمان» پسر عزیزم که زندگی دوباره و عشق را به من هدیه کرد.

اگر می‌خواهید لذت آگاهانه‌تر زندگی‌کردن را بچشید،

اگر می‌خواهید سرگرمی لذت‌بخش و مفید داشته باشید،

اگر می‌خواهید تنش و استرس کمتری داشته باشید،

اگر می‌خواهید دنیا جای بهتری برای زندگی باشد،

اگر به دوستی که بدون قضاوت و انتقاد همواره در کنارتان باشد نیاز دارید،

لطفاً حتماً کتاب بخوانید.

فهرست مطالب

مقدمه ۹
چرا تصمیم گرفتم این کتاب را بنویسم؟ ۱۲
چه زمانی از این کتاب استفاده کنیم؟ ۱۸

فصل اول: شادی چیست؟ ۱۹

مفهوم شادی ۲۱
هورمون‌های شادی ۲۶
افراد شاد چه ویژگی‌هایی دارند؟ ۲۷

فصل دوم: چرا شادی مهم است؟ ۲۹

اهمیت شادی ۳۱
باورهای غلط ۳۴
من چطور می‌توانم احساسم را کنترل کنم؟ ۳۸
پیشنهاد می‌کنم برای شادتر شدن ۴۰
سطوح آگاهی ۴۲
چرا باید شاد باشیم؟ ۴۵

فصل سوم: چطور شاد باشیم؟ ۵۳

تکنیک‌های شادی ۵۵
ذهن آگاهی ۵۹
کوچک‌ترین گامی که می‌توانم بردارم چیست؟ ۷۱

فصل چهارم: آشنایی با ذهن 79
- عملکرد مغز 81
- جایگاه ترس 88

فصل پنجم: پذیرش، احساس ارزشمندی و خویشتن-دوستی 93
- خویشتن‌دوستی 95
- پذیرش و احساس ارزشمندی.. 98

فصل ششم: رابطۀ شادی با زندگی سالم چیست؟ 103
- عوامل زندگی سالم 105
- برای سلامتی به چه چیزهایی نیاز داریم؟ 106

فصل هفتم: رابطۀ شادی با اعتمادبه‌نفس 115
- اعتماد به نفس.. 117

فصل هشتم: رابطۀ سپاسگزاری و شکرگزاری با شادی 123
- شمارش نعمت‌ها 127

تمرین‌ها 131

خلاصه 139

نکتۀ پایانی 147
- سپاسگزاری و قدردانی 152

مقدمه

در دنیای مدرن صنعتی و ماشینی امروز که ارتباطات مجازی بسیار پررنگ‌تر از ارتباطات فیزیکی شده است، اغلب افراد گرفتار کار و تلاش برای کسب درآمد، رفاه، شادی و آرامش بیشتر هستند. وقتی افراد اطرافمان را نظاره می‌کنیم، تقریباً همه یک ویژگی مشترک دارند و آن هم اهمیت شغل و درآمدشان است.

همه در تلاش‌اند که یک مدرک دانشگاهی مناسب، یک شغل خوب و باپرستیژ با درآمد عالی و یک زندگی شاد و آرام داشته باشند، اما واقعاً چند درصد از انسان‌ها خوشحال‌اند و آرامش دارند؟ چند درصد از انسان‌ها در رشتهٔ موردعلاقهٔ خود درس خوانده‌اند؟ چند درصد از رؤسا، مدیران، صاحبان مشاغل و کسب‌وکار که در جامعه با افتخار شغل خود را معرفی می‌کنند و صاحب خانه، درآمد، ماشین و سطح بالایی از زندگی هستند، به معنای واقعی شادند، ازدواجی موفق دارند و از زندگی لذت می‌برند؟ وقتی پای صحبت آن‌ها می‌نشینیم، اغلب کلامشان لبریز از گله، شکایت، غر و نارضایتی است.

اگـر زندگـی شـما در شـرایطی اسـت کـه احسـاس شـادی و رضایتمنـدی ندارید و غمگیـن و افسرده‌اید، بـه شـما پیشـنهاد می‌کنـم ایـن کتـاب را یـک بـار بخوانیـد و از آن خلاصه‌بـرداری کنیـد تـا هـرگاه غمگیـن شـدید و احسـاس ضعـف کردیـد، دوبـاره بـه آن رجـوع کنیـد. بـه شـما قـول می‌دهـم کـه در مواقـع ناراحتـی، ایـن کتـاب کمـک بزرگـی بـرای شـما خواهـد بـود. اگـر فکـر می‌کنیـد زمانـی فـرا خواهـد رسـید کـه بـدون هیـچ مشـکلی بـا خیـال راحـت می‌توانیـد شـاد باشـید، سـخت در اشـتباه هسـتید و لحظـات حـال را بـه امیـد آینـده هـدر می‌دهیـد!

... اندوهت را بتکان

جهان منتظرت نمی‌ماند تا حالت خوب شود

جهان صبر نمی‌کند تا غصه‌ات سر آید

جهان برای هیچ‌کس منتظر نمانده است و صبر نمی‌کند

جهان می‌رود؛

چه تو غمگین باشی و چه شاد،

چه سوگوار باشی و چه رقصان!

می‌دانی این جهانی که به‌سرعت در حرکت است و می‌رود نامش چیست؟

«عمر» است

و تو ناگزیری که به دنبالش بروی، حتی سینه‌خیز!

تو ناگزیری که اندوهت را بتکانی و غمت را بشویی و بروی

وگرنه او رفته و تو جا مانده‌ای از جهان، عمر و خودت.

چرا تصمیم گرفتم این کتاب را بنویسم؟

من متوجه شدم که درواقع ما لذت‌بردن از زندگی را یاد نگرفته‌ایم. از گرما می‌نالیم، از سرما فرار می‌کنیم، در جمع از شلوغی کلافه می‌شویم و در خلوت از تنهایی بغض می‌کنیم، تمام هفته منتظر رسیدن روز تعطیل هستیم و آخر هفته هم بی‌حوصلگی‌مان تقصیر غروب جمعه است و بس!

همیشه در انتظار به پایان رسیدن روزهایی هستیم که بهترین روزهای زندگی‌مان را تشکیل می‌دهند. در مدرسه، دانشگاه، کار، حتی در سفر نیز همواره به مقصد می‌اندیشیم، بدون لذت‌بردن از مسیر. غافل از اینکه زندگی خود سفری کوتاه و همان لحظاتی بود که می‌خواستیم زود بگذرند.

زندگی هم مثل مدرسه معلمان سخت‌گیر و خوبی دارد که گاهی مهربان و دلسوزند و گاهی نامهربان و بی‌ملاحظه! معلم‌های زندگی ما ناراحتی، تنهایی، سردرگمی، غم و غصه و مشکلات گوناگون هستند و دردناک و بی‌رحم‌اند، اما به رشد شخصیت و رفتار ما کمک می‌کنند و ما را قوی‌تر و پخته‌تر می‌نمایند.

به قول اندرو متیوس: «هرکسی که به زندگی شما قدم می‌گذارد یک معلم است، حتی اگر شما را عصبانی کند.»

زندگی هم مثل آشپزی همهٔ طعم‌های تلخ، ترش، شور، شیرین و ملس را دارد. یکی ترشی و لواشک دوست دارد و دیگری شیرینی و کیک، ولی ما

همهٔ مزه‌ها را حداقل یک بار در زندگی چشیده‌ایم؛ مزهٔ تنهایی، مرگ عزیزان، ازدواج، بچه‌دار شدن، خانه خریدن، ورشکست شدن، اخراج و بیکار شدن، بی‌پولی، فارغ‌التحصیلی، خرید ماشین، بیماری و... .

ما فکر می‌کنیم موفقیت کلید شادی است (اگر دیپلم بگیرم، اگر در دانشگاه قبول شوم، اگر شغل و درآمد خوبی داشته باشم، اگر ازدواج موفقی داشته باشم، اگر صاحب فرزند، خانه، ماشین، باغ، مقام و... باشم، همان ترکیب شرطی معروف در ریاضیات که اگر...، آنگاه شاد و خوشحالم)، در حالی‌که برعکس، شادی کلید موفقیت است. اگر آنچه را که انجام می‌دهید شادمانه دوست بدارید، موفق هم خواهید بود.

در برهه‌ای از زمان که من تصادف خیلی بدی را پشت سر گذاشتم و هم‌زمان پدرم آسمانی شد، دوران بسیار سخت و رنج‌آوری را سپری کردم. چیزی در زندگی من گم شده بود و آسیب‌های جسمی و روحی شدید کلافه‌ام کرده بود. هیچ‌چیزی مرا شاد نمی‌کرد. انگار رنج و غم تنها هم‌نشین و مونس من بود و بس. اطرافیان حالم را نمی‌فهمیدند و من غمگین و افسرده در دریایی از غم و اضطراب غرق شده بودم.

اما نکتهٔ مهم این بود که زندگی جریان داشت؛ روزها از پی هم سپری می‌شد و من با تمام وجود می‌خواستم همان آدم شاد، پرانرژی و مؤثر قبلی باشم. غصه انگشتانش را بر گلویم می‌فشرد و باران اشک چشمانم تمامی نداشت. قضاوت اطرافیان کلافه‌ام کرده بود. درمان‌ها جواب نمی‌داد. داروها بی‌اثر و مشاوره‌ها خسته‌کننده شده بودند. افکار خطرناک و مخربی مانند خودکشی برایم آزاردهنده بود.

نکتهٔ مهمی که بسیار کمکم کرد، این بود که احساساتم را نادیده نگیرم و انکار نکنم. سوگواری و عبور از بحران‌های روحی به زمان نیاز داشت. من به مطالعه پناه بردم، در دوره‌های آموزشی مرتبط ثبت‌نام کردم و روی تقویت مهارت‌های ارتباطی، فردی و روان‌شناختی تمرکز کردم. برای اینکه سریع‌تر مطالعه کنم، دوره‌های تندخوانی استاد سیدای عزیز را هم گذراندم و تصمیم گرفتم تجربیات و آموخته‌هایم را به‌واسطهٔ این کتاب با شما عزیزان سهیم شوم.

مورد دیگر اینکه در دوره‌های آموزش شیرینی‌پزی، با بانوان ارزشمندی در ارتباط بودم که متوجه شدم هنرجویان بااستعداد من، در مهارت‌های ارتباطی و در انتخاب شادی به کمک و یادگیری نیاز دارند، چراکه متأسفانه هیچ‌کدام از ما در مدرسه و دانشگاه هیچ یک از مهارت‌های مهم زندگی را نیاموخته‌ایم. نظر به اینکه کاهش تنش‌های زندگی و کسب آرامش به موفقیت بیشتر و شادی ما کمک می‌کند، در این کتاب به این موضوع پرداخته‌ام که یک فرد شاد چطور با حفظ آرامش خود به احساس رضایت و قدرتمندی در زندگی می‌رسد و گزیده‌ای از تجربیات و مطالعات خود را ارائه کرده‌ام.

در بخش‌های مختلف کتاب، شما می‌توانید با توضیحات ارائه‌شده، خودتان به داد خودتان برسید و شادی را به خود هدیه دهید. در زمان‌هایی که رنج، خشم، استرس و اضطراب به سراغ شما می‌آیند آن‌ها را مدیریت کنید و از خستگی، ضعف و بیماری روحی جلوگیری کنید.

نکتهٔ مهم این است که ما برای کسب آرامش دو مرحله را در نظر می‌گیریم:

مرحلهٔ قبل از مواجهه با شرایط بحران، استرس، خشم، اضطراب در زندگی روتین و عادی؛

و مرحلهٔ دیگر، هنگام مواجهه با شرایط مذکور.

درواقع، ما باید به‌صورت روتین و با یک برنامه‌ریزی همیشگی با انجام یک سری از تمرین‌ها آرامش درونی کسب کنیم تا در مواقع حساس، انرژی لازم را برای گذر از بحران داشته باشیم. مثل کوهنوردی در داستان قله‌ها و دره‌های دکتر اسپنسر جانسون (پیشنهاد می‌کنم حتماً آن را مطالعه کنید) که ما در دره‌ها، انرژی لازم برای عبور از قله و تحمل سختی آن را ذخیره می‌کنیم.

حتماً برای شما هم پیش آمده است که یک روز خسته‌کننده را پشت سر گذاشته باشید و حالا همسرتان، فرزند یا دوستتان برخوردی کند که حسابی شما را به هم بریزد. تفاوت یک فرد قوی و توانمند اینجا نمود پیدا می‌کند که او با حفظ آرامش خود، مدیریت اوضاع و شرایط را به دست می‌گیرد و با یک برخورد مناسب و منطقی مسئله حل می‌شود، اما اگر ما به حد کافی آگاه و قوی نباشیم و روی آرامش و شادی خود کار نکرده باشیم، با یک برخورد متقابل، به تنش و مشکلی بزرگ دامن خواهیم زد.

راز یک فرد قدرتمند این است که با کسب آگاهی، شادی و آرامش درون خود را تأمین کند و با درایت، مدیریت زندگی خود را بر عهده بگیرد. منبع همهٔ تغییرها آگاهی است. تغییر یک اصل مهم است.

به قول هراکلیتوس: «دگرگونی قانون جهان است.»

زندگی پویاست و تغییرات ما را به حرکت وامی‌دارند. برای خلق یک زندگی شاد و سالم، باید تمام آن چیزهایی را که نمی‌خواهید، از آن‌ها استفاده نمی‌کنید یا به آن‌ها نیاز ندارید، رها کنید. با عدم وابستگی، شناکردن در مسیر جریان زندگی و استراحت کافی فعالیت کنید و منتظر نتایج در زمان خودش باشید.

زندگی به‌خودی‌خود فاقد ارزش است و این خود ما هستیم که تعیین و انتخاب می‌کنیم که اقامت ما در این سیاره، امتیاز و نشاطی برای ماست یا زندانی از فلاکت و ناامیدی. هر یک از ما در لحظه دو انتخاب داریم: رنج و لذت. باید با عادت به دیدن نیمهٔ پر لیوان، شادی ابدی را تجربه کنیم. انجام دادن و ندادن و ادامه دادن و ندادن هر کاری تحت‌تأثیر این دو عامل رنج و لذت است و رنج همیشه قوی‌تر از لذت است. اگر بخواهیم کاری را انجام ندهیم، باید رنج آن را و اگر بخواهیم کاری را انجام دهیم، باید لذت آن را بیشتر کنیم.

احتمالاً داستان مارشمالو را شنیده‌اید؛ تحقیق معروف دانشگاه استنفورد آمریکا روی کودکان ۴ تا ۶ ساله که مربی، کودک را ۱۵ دقیقه با یک مارشمالو در یک اتاق تنها می‌گذاشت و می‌گفت: «اگر تا برگردم این شیرینی خوشمزه را نخوری، یکی دیگر هم به تو جایزه می‌دهم.» یک‌سوم بچه‌ها از لذت آنی چشم‌پوشی و خودداری کردند تا به لذت بیشتری برسند و دوسوم آن‌ها سختی صبر را تحمل نکردند. درنهایت، آن یک‌سوم در بزرگسالی موفق‌تر بودند.

برخی انسان‌ها عجول و دنبال لذت‌های آنی هستند و برخی دیگر صبور و صاحب لذت‌های پایدارتر و بزرگ‌ترند. آنچه آیندۀ ما را می‌سازد، تصمیماتی است که الآن برای موفق‌شدن می‌گیریم. لذت‌های لحظه‌ای و آسان شامل مواردی نظیر صرف ساعت‌ها وقت در شبکه‌های مجازی و موبایل، تماشای تلویزیون، خوردن تنقلات مضر و بی‌خاصیت، غیبت‌کردن و وقت‌گذرانی با انسان‌های بی‌کیفیت، بدون هیچ‌گونه سرمایه‌گذاری روی آینده است.

دکتر پرویز درگی به‌زیبایی توصیه دارند: «عالم عامل عاشق باشیم و هنگام ترک دنیا بتوانیم بگوییم آنچه در توان داشتیم انجام دادیم.»

فهرست مسائل زندگی ما سازنده یا محرک ما نیستند، بلکه این ما هستیم که انتخاب می‌کنیم با آن‌ها چگونه برخورد کنیم و هر کاری انجام می‌دهیم، نتیجۀ انتخاب ما درمورد آن مسئله است. اگر باور داشته باشیم که در لحظات سخت زندگی حتماً راهی هست، برای حل مشکلات پیچیده آماده‌تر خواهیم بود. درواقع، یا راهی خواهیم یافت یا راهی خواهیم ساخت! شکایت‌کردن، بهانه‌گرفتن، غر زدن، خوردن و خوابیدن و... همه انتخاب‌هایی ساده‌اند، ولی اقدام و تلاش کردن، مسیرهای دشوار را هموار می‌کند. تقدیر ماحصل شانس نیست، حاصل انتخاب و تلاش خود ماست.

چه زمانی از این کتاب استفاده کنیم؟

از شما تقاضا دارم یک بار مطالب کتاب را کامل بخوانید. سپس نکات مهم و کاربردی آن را متناسب با زندگی و شرایط خود بنویسید و در دسترس و جلوی چشم قرار دهید. با مرور دائم، آن‌ها را به عادت روزانه تبدیل کنید و هروقت نیاز بود، دوباره کتاب را مرور کنید.

والتر ماندیل می‌گوید: «اگر فکر می‌کنید همه‌چیز را می‌دانید، اشتباه فاحشی مرتکب شده‌اید.»

درواقع، من به‌شدت معتقدم که برای کسب آگاهی باید مدام در حال یادگیری، مطالعه و تحقیق بود. البته به‌صورت کاربردی در زندگی شخصی خودمان، وگرنه صرفاً خواندن و یادگرفتن مطالب آموزشی گره‌گشای مشکلات ما نیست، مگر اینکه نکات و تکنیک‌های آموزشی را به‌صورت عملی در زندگی خود به کار ببندیم و با تمرین و ممارست نتایج دلخواه را کسب کنیم.

پس اگر می‌خواهید از زندگی لذت بیشتری ببرید و خواهان ایجاد تغییرات مثبت در خود هستید، این کتاب به شما کمک می‌کند. لطفاً تمرین‌های مهمی را که در پایان کتاب نوشته شده است انجام بدهید و هرکجا نیاز بود، برگردید و مطالب را مرور کنید.

امیدوارم مطالب این کتاب آگاهی شما عزیزان را افزایش دهد، برایتان شادی و آرامش به ارمغان آورد و به شما کمک کند زندگی شاد و رؤیایی را که در ذهن دارید، با اراده، پشتکار و بازوان پرتوان خود بسازید.

فصل اول: شادی چیست؟

مفهوم شادی

شادی معانی مختلفی نظیر بشاشی، مسرت، سور، ابهاج، بهجت، طرب، سرور، فرح، نزهت و میمون دارد. در وهلهٔ اول، کلمهٔ شادی فقط داشتن احساس خوب و شانس به ذهن می‌رسد، ولی نکتهٔ مهم این است که شادی در کنار پذیرش ناملایمات و ناخوشی‌های زندگی معنا پیدا می‌کند. شادی یک امر درونی و شخصی است که در افراد متفاوت درک می‌شود، ولی همهٔ انسان‌ها از شادی احساس رضایت و خشنودی دارند. امروزه متأسفانه جمعیت بزرگی از جهان، از اختلال روانی افسردگی رنج می‌برند و به‌قدری در بدبختی و مشکلات زندگی غرق می‌شوند که به خودکشی فکر می‌کنند. این امر گواه این است که شادی امری طبیعی نیست.

رسیدن به شادی واقعی کار سختی است، زیرا سرنوشت بی‌رحم و سرشار از مرگ، ناکامی، شکست، خطر و ناامنی است و اطرافیان ما نیز دائم به شیوه‌های مختلف ما را ناراحت و ناامید می‌کنند. درواقع، در یک لوپ یا چرخهٔ معیوب گیر می‌افتیم. من با ترس و غم چاقی و اضافه‌وزن،

احساس درماندگی داشتم و برای لذت‌طلبی اقدام به خوردن در مواقع ناراحتی می‌کردم. این اقدام به نارضایتی من از عدم مدیریت وزن منجر می‌شد و دوباره با احساس نارضایتی به نقطهٔ ترس و غم برمی‌گشتم. این چرخه مدام در حال تکرار بود.

انسانی شاد است که از روند کلی زندگی خود احساس رضایت کند.

این فرمول را به یاد داشته باشید: شادی اگر تقسیم شود، دو برابر می‌شود، پس ضرر نمی‌کنید! و غم اگر تقسیم شود، نصف می‌شود. لبخند در روابط ما انسان‌ها معجزه می‌کند.

به قول استاد سیدا: «شادمانی اگر به اشتراک گذاشته شود، کامل می‌شود و اگر مدفون شود، می‌میرد.»

در انسان نُه حس اصلی وجود دارد: ترس، خشم، شوک، تنفر، غم، گناه، عشق، شادی و کنجکاوی که اکثراً فقط ۳ حس آخر را مثبت و خوب می‌دانند و بقیه از نظرشان بد یا منفی‌اند! ما بسته به شیوهٔ تربیتی خود و یادگیری در دوران کودکی، داستان‌های متفاوتی از احساسات داریم. وقتی زندگی فردی آن‌گونه که می‌خواست نیست و خود فعلی‌اش با آرمان‌های او جور درنمی‌آید، غمگین و افسرده می‌شود. شاد زیستن یک انتخاب و تصمیم است.

اغلب آدم‌ها طوری زندگی می‌کنند که انگار در مسیر عمر، عاقبت به شادی خواهند رسید و مثل کسی که به ایستگاهی می‌رسد می‌گوید:

«هورا بالأخره رسیدم... شادی!» پیرمردی در آستانهٔ مرگ گفت: «اگر می‌توانستم یک بار دیگر زندگی کنم، سعی می‌کردم اشتباهات بیشتری مرتکب شوم، بیشتر استراحت می‌کردم، بیشتر سفر می‌رفتم، بیشتر بستنی می‌خوردم، بیشتر شنا می‌کردم، بیشتر طلوع خورشید را تماشا می‌کردم، بیشتر با همسر و فرزندانم وقت می‌گذراندم و... .» درواقع او فهمیده بود که برای شادتر بودن نباید دنیا را تغییر داد، بلکه باید خود را تغییر داد؛ هرچند دیر بود. باید حواسمان باشد که زمان محدودی در اختیار داریم و زود دیر می‌شود!

تغییردادن خود و تبدیل شادی به یک عادت، به تمرین و ممارست و طی زمان نیاز دارد. الزاماً لغزش به معنای شکست نیست. وقتی ما دانهٔ سیبی را در خاک می‌کاریم، این دانه به مراقبت مستمر و مداوم نیاز دارد و ما شاهد تغییرات تدریجی آن خواهیم بود. اصلاح عادت‌ها نیز همین‌طور است. درواقع، تلاش مستمر و همیشگی، تکرار، تمرین و صبر را می‌طلبد.

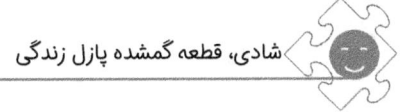

همین حالا چند لحظه فکر کنید چه مواقعی در زندگی شاد بودید و احساس خوبی داشتید؟ آن موارد را یادداشت کنید.

....
....
....
....

تا کسی نخواهد، تغییر نخواهد کرد. برای ایجاد تغییرات مثبت در مواجهه با شرایط، آن را بپذیرید و به احساس و تجارب ذهنی و روانی خود آگاه باشید.

هر تغییر در پنج مرحله اتفاق می‌افتد: پیش از تأمل، تأمل، آمادگی، عمل و نگهداری. مثلاً برای بهبود وضعیت جسمی تصمیم می‌گیرید که ورزش کنید. مراحل تغییر عبارت‌اند از: چیزی دربارۀ جسمتان مثل اضافه‌وزن بوده است که به تغییر آن و کاهش وزن فکر کردید. قصد

کردیـد کـه اقدامـی بکنیـد و ورزش پیلاتـس انجـام دهیـد. ورزش کردیـد و یـک تغییـر بـزرگ، تناسب‌اندام و کاهـش وزن ایجـاد شـد. سپس بـا تمریـن، تکـرار و مراقبـت از ایـن تغییـر نگهـداری کردیـد. تمام این پنج مرحله اهمیت دارنـد، خصوصاً آخـری! زیـرا اگر ایـن مرحله اتفـاق نیفتـد، به شـرایط قبل بازمی‌گردیـم؛ همـان چرخـهٔ معیـوب لعنتـی! یادمـان باشـد تغییـر خطـی نیسـت و نوسـان دارد. درواقـع، هیـچ خـط راسـتی در عالـم نیسـت و تمـام زندگـی به‌صـورت یـک چرخـه در حـال حرکت است.

همین حالا ببینید که در مسیر حرکت به‌سوی شادی در کدام مرحلهٔ تغییر هستید و دوست دارید به کدام مرحله برسید؟ لطفاً اقدامی را که لازم است در این راستا انجام دهید بنویسید و برای انجام آن به خود متعهد باشید.

....

....

....

....

....

هورمون‌های شادی

عبارت‌اند از:

- دوپامین یا هورمون پاداش که با خودمراقبتی، تکمیل یک کار، خوردن غذا و جشن گرفتن ترشح می‌شود.

- اکسی توسین (هورمون عشق) که با بازی کردن، در آغوش گرفتن، تعریف و تمجید کردن و گرفتن دست ترشح می‌شود.

- سروتونین یا هورمون خلق‌وخو که با دویدن، مدیتیشن، شنا و دوچرخه‌سواری ترشح می‌شود.

- اندروفین یا هورمون تسکین درد که با خنده، ورزش و شکلات تلخ آزاد می‌شود.

لطفاً اقداماتی را که لازمهٔ ترشح بیشتر هورمون‌های شادی در شماست بنویسید و برای انجام آن‌ها به خود متعهد باشید.

....
....
....
....

افراد شاد چه ویژگی‌هایی دارند؟

افراد شاد و بانشاط مدل ذهنی خاص و رفتارهای کلامی و غیرکلامی ویژه دارند. مدل ذهنی افراد شاد این‌گونه است که:

- باانگیزه و مثبت هستند.
- وقتی در کنارشان هستید حال خوبی دارید، چون همراه‌اند، نه ضدحال.
- صبر و حوصله دارند و دقیقاً می‌دانند چه کار می‌کنند.
- در رفتارهای کلامی آن‌ها شاهد قدردانی زیاد، استفاده از طنز، حاضرجوابی و تند صحبت‌کردن، رسا، واضح و بلند صحبت‌کردن و سعی در بهتر شدن همه‌چیز (نه با انتقاد) هستیم.
- رفتارهای غیرکلامی آن‌ها این است که همیشه لبخند می‌زنند، بدنی چابک دارند و سریع واکنش نشان می‌دهند و کارها را سریع‌تر از مردم عادی انجام می‌دهند.

رفتار خود را بررسی کنید، موارد فوق را تمرین نمایید و سبک خودتان را بیابید.

فصل دوم: چرا شادی مهم است؟

اهمیت شادی

درواقع، همهٔ ما به دنبال شادی هستیم.

به قول دالایی لاما: «مهم‌ترین هدف زندگی در پی خوشبختی و شادمان بودن است».

شادی مهم‌ترین عامل سلامتی است. یکی از مؤثرترین شیوه‌های درهم‌شکستن ترس نیز خنده است. به ترس‌هایتان بخندید و با آواز خواندن به سلامتی‌تان بیفزایید، زیرا خنده گردش خون را به حرکت وامی‌دارد.

به قول شکسپیر: «افرادی که توانایی لبخند زدن و خندیدن دارند، موجوداتی برتر هستند.»

به کلاس یوگا که می‌رفتم، مربی بسیار نازنینی داشتم. یکی از تمرین‌های جلسات یوگا این بود که از این به بعد هر کسی را در خیابان دیدیم لبخند بزنیم. من این تمرین را انجام دادم و جلسهٔ بعد نتیجه را

به مربی گزارش کردم: «اکثر افراد نگاه عاقل اندر سفیهی به من کردند و احتمالاً در دل گفتند دیوانه است. برخی در پاسخ لبخند زدند و حس خوبی منتقل شد. برخی با اخم و عصبانیت لبخندم را روی لب خشکاندند. ولی تمام کودکان به شیرینی، لبخندم را پاسخ دادند و به نظر من دلیلش این است که دنیای کودکان دنیایی بدون قضاوت، ساده و بی‌آلایش است. من عادت کردم به هرکسی که می‌رسم، بی‌اختیار لبخند بزنم.»

پس از هم‌اکنون لبخند زدن را تجربه و تمرین کنید. قطعاً چهرهٔ شما با لبخند زیباتر و دوست‌داشتنی‌تر است.

اگر من رانندگی بلد باشم، ولی گواهینامه نداشته باشم، هرلحظه ممکن است در جادهٔ دوست‌یابی جریمه شوم و اتومبیلم متوقف شود. گواهینامهٔ رانندگی من در جادهٔ دوست‌یابی «لبخند» است.

شادی یکی از مؤثرترین داروهای طبیعت است. افرادی که از طریق خنده و شادمانی، ذهن و جسم خود را هماهنگ نگاه می‌دارند، معمولاً عمری طولانی‌تر از کسانی که سخت‌گیر و جدی هستند دارند. شادی باعث تقویت سیستم ایمنی بدن، سیستم اعصاب، شفافیت پوست، درخشش چشم، محیط گرم، فرزندان موفق و باهوش، امنیت خاطر و روی تمام امور و مسائل زندگی مؤثر است.

شادمانی به نوعی احساس لذت‌بردن و خوشحالی اشاره دارد. پس می‌توان نتیجه گرفت که دوام ندارد. زندگی غنی، پربار و پرمعناست.

پس می‌توان نتیجه گرفت که در مسیر ارزش‌ها باید حرکت کرد و زندگی سالم دارای طیف کاملی از عواطف انسانی اعم از غم و شادی است. طبق تحقیقات انجام‌شده، احساس خوشحالی ۳۵ ساعت در وجود ما باقی می‌ماند، درحالی‌که ما احساس غم و ناراحتی را ۱۲۰ ساعت در خود نگه می‌داریم. چه آمار تأمل‌برانگیزی!

به قول آبراهام لینکلن: «اغلب مردم تقریباً به همان اندازه شاد هستند که انتظارش را دارند.»

شاد بودن همیشه آسان نیست. برای شاد بودن باید بر افکار شاد تمرکز نماییم. در سفر زندگی و مسیر پرفرازونشیب آن، همهٔ ما در معرض تجربهٔ بیماری، مرگ و ازدست‌دادن عزیزان، شکست در مراحل مختلف زندگی، مواجهه با انتقاد اطرافیان و... قرار گرفته‌ایم و افکار و احساساتی ناخوشایند را تجربه کرده‌ایم. هرچه مدیریت این عواطف را یاد بگیریم، کمتر اجازهٔ کنترل زندگی‌مان را به آن‌ها می‌دهیم، از دام آن‌ها رها خواهیم شد و احساس شادی رضایت‌بخش و طولانی‌مدتی را تجربه خواهیم کرد. برای احساس شادی دلیل خاصی لازم نیست. فقط کافی است تصمیم بگیریم و انتخاب کنیم که در همین لحظه شاد باشیم، چون زنده هستیم.

به قول ادموند اسپنسر: «این ذهن ماست که ما را شاد یا ناشاد، بدبخت یا سعادتمند، غنی یا فقیر می‌سازد.»

یک بار در یک مهمانی یکی از آشنایان گفت: «تولد سی سالگی‌ام نزدیک است. از روز تولدم نفرت دارم. از سی سالگی هم بدم می‌آید و احساس پیری می‌کنم.» لطفاً دوباره این عبارت را بخوانید و دقت کنید که چند واژهٔ ناراحت‌کننده و غمگین در کلامش بود، درحالی‌که می‌توانست از جشن تولد و رشد و بالندگی‌اش شاد باشد. تفاوت در نوع نگاه آدم‌هاست و عرض زندگی از طول آن مهم‌تر است!

به گفتهٔ شندن رز: «راز خوشحالی در این است که نعمت‌های خود را برشمارید، نه سالگردهای تولدتان را.»

باورهای غلط

تابه‌حال دقت کرده‌اید که انتهای رمان‌های مشهور مثل بربادرفته، فیلم‌های سینمایی مثل دیو و دلبر، قصه‌های خیالی مثل شاه و پریان و کارتون‌های والت دیزنی مثل سیندرلا و زیبای خفته به خوبی و خوشی، پیروزی خیر بر شر، شکست آدم‌های شرور و جاری شدن عشق ختم می‌شوند و یک چوب جادویی و... همیشه به حل مشکل کمک می‌کند؟ آیا در دنیای واقعی هم همیشه همین‌طور است؟ البته که نه! در ادامه، یک سری از باورهای غلط را که در ذهن ما ثبت شده‌اند یا اغلب به ما گوشزد می‌شوند باهم بررسی می‌کنیم.

۱) شادی یک وضعیت طبیعی است

اتفاقاً شادی بسیار کمیاب است و رسیدن به آن دشوار! در جامعهٔ ما آمار طلاق، خشونت خانوادگی، استرس شغلی، عزت‌نفس پایین، تبعیض و مشکلات جنسی، مشکلات روابط عاطفی و فردی، تجاوز، زورگویی و... بیانگری گویاست.

۲) اگر من شاد نیستم، حتماً نقصی دارم

وقتی به متخصصان حوزهٔ سلامت رجوع می‌کنیم، به‌راحتی برچسب «افسرده بودن» می‌خوریم، درحالی‌که روان‌شناسی با رویکرد مبتنی بر «پذیرش و تعهد» بیان می‌کند که تفکر معمول انسان سالم به‌طور طبیعی به درد و رنج روحی منجر می‌شود و آموزش می‌دهد که چطور باید با این مسائل کنار آمد و زندگی را قدرتمندانه دگرگون کرد. واقعاً کدام انسان سالم و نرمالی از دیدن کودکان کار، تورم و گرانی حاکم بر جامعه، مرگ‌ومیر افراد مبتلا به کووید ۱۹ و... خوشحال می‌شود؟

۳) برای ساخت زندگی بهتر، باید از شر احساسات منفی رها شوم

طبیعی است که هیچ‌یک از ما به تجربهٔ احساسات ناخوشایندی چون مرگ عزیزان، طلاق و شکست عاطفی، تجاوز، بیماری، فقر و گرسنگی و... تمایل نداریم، اما همگی ما ناگزیر احساسات منفی نظیر غم، خشم و نفرت را در زندگی تجربه خواهیم کرد. پس اگر آمادهٔ برخورد با این احساسات نباشیم، محال است زندگی بهتری برای خود بسازیم. شنیدم

که فردی می‌گفت: «مادرم فوت کرده است و بدبخت شدیم.» البته که فوت مادر خانواده پدیده‌ای غم‌انگیز و دردناک است، اما او نعمت‌های دیگر زندگی‌اش (همسر مهربان، فرزند موفق، سلامتی خودش و...) را فدای اتفاقی کرده بود که از دایرهٔ کنترل ما خارج است.

به یاد دارم که در دوران کودکی، در رؤیاهایم عروسک‌ها و حیوانات اهلی سخن می‌گفتند، در افسانه‌های خیالی پری دریایی زیبا در اقیانوس آبی زندگی می‌کرد، گوزن‌های شمالی برای رساندن هدایای کریسمس به بچه‌ها پرواز می‌کردند، در باغ‌های سرسبز یک کاخ بزرگ دختر شاه پریان زندانیِ یک غول بدجنس بود، اسباب‌بازی‌هایم شخصیت داشتند، یکی خاله بود، یکی اخمالو بود و...، شب‌ها ستاره‌ها را لمس می‌کردم و گوسفندان پشمالوی سفید را در حال پرواز در آسمان میان ابرها می‌شمردم، شمع‌های زیاد روشن روی کیک تولدم را فوت می‌کردم، قلبم لبریز از شادی می‌شد و حد و مرزی برای تصوراتم نبود. گاهی خود را در لباس زیبای سیندرلا در حال رقص با شاهزاده می‌دیدم و گاهی منتظر اسب سفیدی بودم که مرا با خود به سرزمین رؤیایی ببرد. اما در بزرگسالی سایهٔ سنگین مسئولیت و مشکلات زندگی بر زندگی افتاد و باورهای محدودکننده و مخرب موجب گم‌شدن شادی و احساسات کودکی شد.

رؤیا داشتن ما را می‌سازد و بلوک‌های سازندهٔ آینده است. تلفنی که با آن حرف می‌زنیم، ماشینی که آن را می‌رانیم، ماهواره‌ای که به فضا پرتاب می‌شود و... به این دلیل ساخته شده‌اند که کسی رؤیای آن را در سر داشته است. اگر بتوانیم رؤیای چیزی را ببینیم و در مسیرش گام

برداریـم و تـلاش کنیـم، قطعـاً آن را بـه انجـام می‌رسـانیم. درواقـع، کافـی است «ای کاش»ها را بـا «اگر فقـط» جایگزیـن کنیـم.

لطفاً «ای کاش»های زندگی خود را مرور کنید و با «اگر فقط» جایگزین کنید.

....

....

....

....

تماشـای انیمیشـن زیبـای «درون و بیـرون» را کـه درمـورد زندگـی دختـری بـه نـام رایلـی (قهرمـان داسـتان) و مواجهـهٔ او بـا احساسـاتش (خانـم جـوی خوشـحالی، خانـم غـم و غصـه، آقـای تـرس، خانـم تنفـر و آقـای خشـم) می‌باشـد، به‌شـدت توصیـه می‌کنـم. ایـن کارتـون زیبـا نـگاه مـرا بـه احساسـات منفـی تغییـر داد و فهمیـدم ایـن احساسـات در کنـار هـم بـاارزش و مهـم هسـتند و بایـد آن‌هـا را مدیریـت کـرد. احسـاس منفـی دربـارهٔ خـود، بیشـترین آسـیب را بـه زندگـی مـا می‌زننـد. پـس بایـد مراقـب باشـیم.

۴) باید بتوانم افکار و احساساتم را کنترل کنم

من راه‌های زیادی را امتحان کرده‌ام، مثلاً کنترل‌داشتن روی غذاخوردن، جایگزینی افکار مثبت «من هرچه بخورم چاق نمی‌شوم» یا تکرار جملات مثبت «من در همه حال لاغر، زیبا و جذاب هستم»، اما دوباره افکار چاقی به سراغم آمده است؛ چرا؟ چون ذهن من این‌گونه طراحی شده و باورهای حک‌شده در ضمیر ناخودآگاهم این‌گونه است. درنتیجه، در چرخهٔ معیوب گیر می‌افتم و احساس ناکارآمدی می‌کنم.

اگر کنترل احساسات واقعاً کار آسانی بود، همهٔ ما در سعادت ابدی زندگی می‌کردیم.

من چطور می‌توانم احساسم را کنترل کنم؟

از بچگی (برای جلوگیری از گریه و سروصدا) هروقت گریه کردم، به من شیر داده‌اند و در بزرگسالی نیز من به هر درد و رنج و احساسی، پاسخ یکسان می‌دهم: غذاخوردن. درواقع، یعنی محرک هرچه باشد، پاسخ یکی است. چطور فردی می‌تواند حس پرخوری را با تذکرات پی‌درپی مادر کنترل کند که «نخور چاق می‌شوی!» وقتی ببیند او غم‌ها و مشکلاتش را با روشن‌کردن سیگارش با سیگار قبلی تحمل می‌کند؟ و ... .

چقدر به پسرها می‌گویند: «خودت را کنترل کن، مرد که گریه نمی‌کند!» و ... .

درواقع، ما آموخته‌ایم که احساسات را سرکوب و مخفی کنیم یا نادیده بگیریم. و چه خطرناک است! این احساسات چگونه و کجا سر باز کند، خدا عالم است!

داستان راپونزل مثال خوبی از تصویر ذهنی افراد نسبت به خودشان است. او در قصر، زندانی جادوگر پیری بود که مدام به او می‌گفت: «تو خیلی زشتی.» اما روزی شاهزاده‌ای که از آنجا می‌گذشت با او به دلربایی سخن گفت و به کمک موهایش او را نجات داد. درواقع، او زندانی قصر و پیرزن جادوگر نبود، زندانی باور زشتی خود بود. در زندگی باید از جادوگران درون که مانع آزادی ما هستند، آگاه باشیم.

فردی که ورشکست شده بود به دکتر گفت: «من به آخر خط رسیده‌ام و همه‌چیزم از بین رفت.» دکتر پرسید: «آیا هنوز می‌توانی ببینی، راه بروی و بشنوی؟» گفت: «بله می‌توانم.» دکتر جواب داد: «خوب پس تقریباً همه‌چیز داری و تنها چیزی که از دست داده‌ای پول است!»

گاهی ما نعمت‌ها و داشته‌های ارزشمندمان را فراموش می‌کنیم. ما اغلب می‌خواهیم احساس بد را با رفتارهایی مثل مصرف سیگار یا الکل، زیاد خوردن، بیماری، بی‌اشتهایی و... بیرون بیندازیم، این اعمال هوشیارانه نیست. با حفظ و نگهداری تصویر ذهنی مثبت از خود و اصلاح و تجدیدنظر در تصاویر ذهنی ناسالم (حسادت، منفی صحبت‌کردن با خود، احساس شرم و گناه، عدم اهمیت به نیازهای خود، سؤال‌نکردن درمورد خواسته‌های خود، ناتوانی در بیان عواطف، انتقاد از دیگران، مقایسهٔ خود با دیگران و...) می‌توانیم شادی و سلامتی را به خود هدیه دهیم.

پیشنهاد می‌کنم برای شادتر شدن

- تعارفات کلامی دیگران را با واژهٔ «متشکرم» بپذیرید.

- تعارفات کلامی را با قدردانی از خوبی دیگران بیان کنید.

- همیشه از خود به‌خوبی یاد کنید.

- با زدن دستی بر پشت یا بوسه‌ای بر گونه هنگام انجام کار درست، خود را ستایش کنید.

- رفتار و افکار خود را متمایز کنید و با ورزش و تغذیهٔ صحیح، با جسم خود خوب رفتار کنید.

- افکار شاد و سلامت داشته باشید، خود را سلامت تصور کنید، سلامتی و شادی را حق انسانی و شایستهٔ خود بدانید و با خود ملایم و مهربان باشید.

- از همین‌جا و همین لحظه خود را بپذیرید و دوست بدارید.

- از جملات مثبت استفاده کنید، مثل «از دیدنت خوشحال شدم.»

- خاطرات مثبت خود را با دیگران مرور کنید، مثلاً «یادت است که...؟»

- با جملاتی مثل «به تو ایمان دارم» به دیگران اعتمادبه‌نفس و احساس خوب بدهید.

- با عباراتی مثل «دلم می‌خواهد نظرت را درمورد ... بشنوم» به دیگران نشان دهید که نظرشان برایتان محترم است.

به قول زیگ زیگلار: «واژه‌ها قوی‌ترین نیروهای جهان‌اند.»

مارتین سلیگمن در سال ۱۹۹۸ در آمریکا روان‌شناسی مثبت را پایه‌گذاری نمود. خودگویی‌های مثبت و تأییدکننده و البته به نظر من عبارت‌های تأکیدی هم‌راستا با ارزش‌های هر فرد، تکرار و عمل به آن‌ها (نه فقط خواستن کلامی بدون هیچ اقدامی) در برخی موارد کمک‌کننده هستند، ولی باید یادمان باشد که افکار مثبت غیرواقع‌بینانه آسیب‌زا هستند؛ ذهن شدیداً در برابر آن‌ها دچار تعارض و مقاومت می‌شود و حس و حال بد را در پی دارد.

فرض کنید یک فرد ۱۲۰ کیلویی مدام تکرار کند: «من زیبا، خوش‌اندام و مانکن هستم.» ذهنش هم می‌گوید: «تو غلط کردی چاق بی‌قواره!» باید مراقب استفادهٔ درست و به‌جای عبارات تأکیدی مثبت باشیم.

وقتی شما برای دنیا همان چیزهایی را می‌خواهید که برای خودتان می‌خواهید (صلح، شادی، خرد، عشق، خوشبختی و ...)، انرژی ساطع‌شده از خود را چند برابر می‌کنید. وقتی اوضاع بد است، مقاومت نکنید، تجربه‌تان را بپذیرید و با مهربانی در آغوش بگیرید، زیرا همواره در زندگی نیاز، شکست، کمبود، جدایی، ملزومات، قضاوت، محکومیت، برتری، شرط و شروط و بی‌خبری وجود دارد و با آگاهی و به‌کاربردن راه‌حل درست، شادی را خلق می‌کنید.

بروس دی اشنایدر می‌گوید: «میزان موفقیت شما ارتباط مستقیم با سطح آگاهی شما دارد. هرچه سطح آگاهی بالاتر، احتمال موفقیت به‌مراتب بیشتر.»

سطوح آگاهی

افکار، احساسات و رفتار ما می‌توانند منفی و استرس‌زا یا مثبت و سازنده باشند. ما در هر لحظه برای افکار و احساسات خود ۷ انتخاب داریم:

سطوح آگاهی	فکر	احساس	اقدام	مثال
انتخاب اول	قربانی	بی‌انگیزگی و بی‌انرژی بودن، ترس، ناامیدی	ندارد (تنبلی و تعویق کارها)	پدر من پولدار نیست یا در ایران جای رشد و امکانات نیست (دیدگاه قربانی و بازنده را در سطح جامعه به‌وفور می‌بینیم).
انتخاب دوم	تعارض و مقابله	عصبانیت	مخالفت و دعوا	پدری که از رفتار فرزندش نالان است (دیدگاه برنده- بازنده را در سطح جامعه و محیط کار زیاد می‌بینیم).
انتخاب سوم	مسئولیت‌پذیری	بخشایش	همکاری	فرد، مسئولیت زندگی‌اش را (بدون گشتن به دنبال مقصر)، به عهده می‌گیرد و با تمرکز بر هدفش با شرایط کنار می‌آید (دیدگاه: من باید برنده شوم).
انتخاب چهارم	نگرانی برای بقیه	دلسوزی و همدردی	خدمت‌رسانی (گاهی موردِ سوءاستفاده قرار می‌گیرد)	مادری که برای درس و امکانات بهتر فرزندش از تفریحاتش می‌گذرد (دیدگاه: فرد مقابل باید برنده شود).

انتخاب پنجم	آشتی با شرایط	آرامش (عدم قضاوت)	پذیرش (دیدن فرصت‌ها)	فروشنده‌ای که با برخورد درست با مشتری ناراضی، شرایط را اصلاح و او را راضی و وفادار می‌کند (دیدگاه برنده-برنده).
انتخاب ششم	وحدت	شادی	خرد	افراد نابغه و پیشرو با حس ششم قوی و خلاقیت بالا (دیدگاه: همهٔ ما برنده‌ایم).
انتخاب هفتم	عدم قضاوت	شوق بیکران	خلق	عشق بدون مرز مادر و فرزندی، لحظهٔ عاشق شدن بدون شرط (منحصربه‌فرد)

یادمان باشد همهٔ ما ترکیبی از این سطوح آگاهی را داریم که هر یک مزایا و مضرات خود را دارند. آنچه مهم است، ثبت روزانه و مستمر واکنش ما به رویدادهای روزمره و ارزیابی خود از این است که در کدام سطح آگاهی هستیم. باید ۱۰ ثانیه مکث کنیم و با سطح بالاتر به رویداد پاسخ دهیم.

در زندگی روزمرهٔ شما کدام سطح بارز است و دوست دارید به کدام سطح برسید؟ همین الآن برگردید و دوباره جدول را عمیقاً مطالعه و واکنش‌هایتان را ثبت کنید:

....
....
....
....

چرا باید شاد باشیم؟

پائولوکوئیلو چه زیبا گفته است: «به یاد داشته باش نخستین راه رسیدن به خدا نیایش و دومین راه شادی است.»

به نظر من افراد شاد جذاب‌تر و دوست‌داشتنی‌تر از دیگران هستند. سرور و شادی، خدای درون فرد است که از اعماق وجود او برخاسته است و متجلی می‌شود! خنده، موسیقی زندگی است. هرچقدر بیشتر بتوانیم در خود و دیگران شادی بیافرینیم، دنیای بهتری خواهیم داشت. لوئیز هی می‌گوید: «دلیل اینکه شما نمی‌خندید آن نیست که شما پیر شده‌اید. شما پیر می‌شوید، چون نمی‌خندید!» خندیدن یک نیایش است. اگر بتوانید بخندید، آموخته‌اید چگونه نیایش کنید.

باید از کودکان بیاموزیم؛ آن‌ها برای خنده به بهانه‌های بزرگ نیاز ندارند، کنجکاوند و هر موضوعی برایشان منشأ حیرت و شگفتی است؛ یک صدا، یک مورچه، یک کوه و... . قضاوت و پیش‌داوری ندارند و همه از نظرشان خوب‌اند؛ فقیر، غنی، سیاه، سفید، عمه، خاله و... . سماجت دارند و اگر چیزی را بخواهند، تا آن را به دست نیاورند، مأیوس نمی‌شوند. تابه‌حال بستنی خواستن آن‌ها را دیده‌اید؟ راه‌رفتن بچه‌ها را به یاد بیاورید؛ بارها زمین می‌خورند، اما برمی‌خیزند تا پا بگیرند و راه بروند. هرچه بیشتر وقت خود را با بچه‌ها بگذرانیم، چیزهای بیشتری درمورد خندیدن، کنجکاوی، انعطاف، اعتماد، اراده و تصور خلاق از آن‌ها می‌آموزیم.

شاید از شغل خود متنفر باشید، شاید عزیزی را از دست داده‌اید، شاید دچار مشکلات مالی هستید، شاید دچار اضطراب و افسردگی هستید و تلاش‌های زیادی برای رهایی از این احساسات بد ناشی از آن‌ها کرده‌اید. مثلاً من در مواقع حساس که مضطرب و نگران می‌شدم، برای رهایی از این حس، بدون آگاهی فقط می‌خوردم و کمی آرام می‌شدم، ولی دقایقی بعد، چون تمام زحمات رژیم غذایی‌ام از بین رفته بود، خودم را سرزنش می‌کردم و با گفت‌وگوهای درونی نامهربانانه احساس منفی بیشتری را تجربه می‌کردم (گیر افتادن در چرخهٔ معیوب). اگر می‌خواهید بدانید که بدنتان چگونه خواهد بود، امروز به افکارتان نظری کنید.

سرزنش کردن و احساس گناه داشتن هر دو احساساتی خطرناک و مخرب‌اند و راهکارشان، عفو و بخشش خود و دیگران است. بر اساس تحقیقات، انسان‌ها در ۲۴ ساعت شبانه‌روز به‌طورمعمول ۴ ساعت به گفت‌وگو می‌پردازند و روزانه ۵۰۰۰۰ اندیشه و فکر از مغز عبور می‌کند.

درواقع، ما راهکار گریز (پرت کردن حواس، فرارکردن، پنهان‌شدن، بی‌تفاوتی) یا راهکار جنگ (جلوگیری، بحث و تحکم) را انتخاب می‌کنیم. فرار از غم مثل نگه‌داشتن یک توپ زیر آب است؛ به‌محض اینکه خسته شویم و توپ را رها کنیم، دوباره روی آب بازمی‌گردد.

وقتی پدرم را از دست دادم، در شرایط جسمی و روحی خوبی نبودم. تصادف شدیدی کرده بودم و علی‌رغم مصرف دارو و مشاوره‌های طولانی حالم بهتر نمی‌شد. تا اینکه با کسب آگاهی و مطالعات زیاد به پذیرش

رسیدم؛ پذیرش غم ازدست‌دادن پدر، سوگواری، کنارآمدن با شرایط جدید، نوشتن کتابچه‌ای تحت عنوان «به یاد پدرم» و زندگی با خاطرات خوبی که با او داشتم. هضم تجربه از زندگی او و مرور نکات مثبت اخلاقی پدر به من کمک کرد تا این بحران بزرگ را پشت سر بگذارم.

دفتر روزانه‌ای تهیه کنید و هر روز گزارشی از کارهایی که برای خلاصی از افکار منفی انجام می‌دهید بنویسید. سپس به عملکرد خود فکر کنید و اجازهٔ کنترل و آسیب‌رسانی به آن‌ها ندهید.

سؤال معجزه می‌کند. پیشنهاد می‌کنم اول دفتر به این سؤالات جواب بدهید که:

من چه کسی هستم؟ ....

....

گفت‌وگوهای درونی من با خودم چیست؟ ....

....

چه توانمندی‌هایی دارم؟

....

....

....

....

تصویر شخصی من از خودم چیست؟

....
....
....
....

ارزش و رسالت من در زندگی چیست؟

....
....
....

رؤیا و اهداف من چیست و برای رسیدن به آن‌ها، چه اقداماتی باید انجام دهم؟

....
....
....
....

عادت‌های خوب من چیست؟

....
....
....

چه عادت‌های بدی دارم و چطور می‌توانم آن‌ها را اصلاح کنم؟

....

....

....

با پاسخ‌دادن به این سؤالات، لایه‌های درونی خودتان را می‌شناسید و با تمرکز و توجه به خود، برای تغییر آگاهانه اقدام می‌کنید و شادی و آرامش را به خود هدیه خواهید کرد. لطفاً این تمرین مهم را جدی بگیرید.

متأسفانه گاهی تصاویر ما از خود عبارت‌اند از: احمق، دست‌وپاچلفتی، تنبل، بی‌انرژی، چاق، بی‌مسئولیت، زشت، بی‌شعور، عصبی، افسرده، بی‌احساس و... . ما به‌سادگی این صفات را به زبان می‌آوریم و آن‌قدر تکرارشان می‌کنیم که باورمان می‌شود و این صفات به بخشی منفی از شخصیت ما تبدیل می‌شوند. اگر یادتان باشد در فصول قبل به باور ذهنی چاقی خودم اشاره کردم؛ اینکه هر بار لاغر می‌شدم، به دلیل باور ذهنی غلط دوباره چاق می‌شدم. یادمان نرود این صفت‌ها نشانگر هویت ما نیستند و فقط رفتار ما هستند که خوشبختانه قابلِ‌بهبود و تغییر هستند.

دکتر وین دایر می‌گوید: «شما همواره فردی گران‌قدر، ارزنده و مفید هستید. نه به این دلیل که دیگران چنین می‌گویند، نه به این خاطر که فردی کامیاب هستید، نه به این جهت که ثروت فراوان به دست می‌آورید، خیر. تنها به این دلیل که شما چنین باور و اندیشه‌ای را برگزیده‌اید.»

از قدیم گفته‌اند: «مراقب افکارت باش که به گفتارت تبدیل می‌شود، مراقب گفتارت باش که به کردارت تبدیل می‌شود، مراقب کردارت باش که به عادتت تبدیل می‌شود، مراقب عادتت باش که به شخصیت تو تبدیل می‌شود و مراقب شخصیتت باش که سرنوشت تو را رقم خواهد زد.»

باورهایی که ما بر اثر حرف دیگران، تجربه، آموزش، فرهنگ اجتماعی و... پذیرفتیم و موفقیت خودمان را غیرممکن تصور کردیم، «باورهای محدودکننده» هستند که درواقع تعمیم یک تجربهٔ ناموفق به سایر ابعاد زندگی هستند و در اعماق ذهن شکل می‌گیرند. این باورها حقیقت ندارند؛ داستان‌هایی هستند که ما درستی آن‌ها را پذیرفته‌ایم. متأسفانه آن‌ها ما را فلج و زمین‌گیر کرده‌اند و زندگی‌مان را محدود نموده‌اند؛ چنان‌که درنهایت، در یک چرخهٔ معیوب تکراری اسیر می‌شویم:

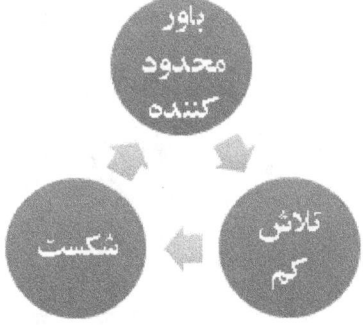

مثلاً یک باور محدودکننده: «کسانی که کم‌کاری تیروئید یا ژن چاقی دارند، لاغر نمی‌شوند.» وقتی باور من این است که کم‌کاری تیروئید دلیل چاقی است، منفی‌نگری می‌کنم، به دنبال راهکار نمی‌روم و تلاش نمی‌کنم. درنتیجه، در کاهش وزن اضافه شکست می‌خورم و این لوپ

تکـرار و تکـرار می‌شـود. یـا مدیـران جـوان بی‌تجربه‌انـد و نمی‌تواننـد مدیـران خوبـی باشـند و... .

همین حالا باورهای محدودکنندهٔ ذهنی خود را بنویسید و آن‌ها را ریشه‌یابی کنید. اثر منفی آن‌ها بر زندگی‌تان چیست؟ باور جایگزین آن که سازنده باشد، زندگی‌تان را بهتر می‌کند و باعث رشد می‌شود، بنویسید و مرتب تکرار کنید (مراقب مفروضات ذهنی، تفسیرها و قضاوت‌کردن‌ها باشید).

....
....
....
....
....
....
....

فصل سوم: چطور شاد باشیم؟

تکنیک‌های شادی

تکنیک‌ها و مهارت‌هایی در زندگی ما وجود دارند که هر یک به‌نوعی در شادی و آرامشمان تأثیر دارند. درواقع، ۶ فاکتور بسیار مهم در زندگی وجود دارند که اقدام و عمل به آن‌ها به تمرین و تکرار نیاز دارد: جداسازی، ایجاد فضا، ارتباط، مشاهده، ارزش‌ها و عمل متعهدانه. در ادامه، توضیح هر یک آمده است:

۱. جداسازی

دیفیوژن یا گسلش، یعنی افکار من از شخصیت من جداست. درواقع، شما جسمتان نیستید، بلکه روحی هستید که با جسمتان سفر می‌کنید. فرض کنید یک کیک می‌پزیم. برای پخت آن به فر نیاز داریم، ولی ماهیت کیک کاملاً مستقل و جدا از فر است و فر فقط ابزاری برای تکمیل فرایند پخت کیک است. تصورات ما از افکار ما جداست. فکر، کلمات حاضر در ذهن است، اما تصور، تصاویر حاضر در ذهن و حس جسمانی، احساس در بدن است.

ذهن ما مثل پاپ کورن فکر تولید می‌کند. افکار فقط صدا، کلمات و داستان هستند که می‌توانند درست یا غلط و مهم یا بی‌اهمیت باشند. ما فقط وقتی به آن‌ها توجه خواهیم کرد که مفید و کارآمد باشند. الزاماً نباید از آن‌ها پیروی کنیم؛ آن‌ها عقلانی یا غیرعقلانی‌اند و تهدید نیستند.

بنابراین، من که سال‌ها با مشکل اضافه وزن مواجه بودم، به‌جای اینکه بگویم «من چاق هستم.» باید بگویم «فکر می‌کنم من «چاق» هستم.»

لطفاً برای کسب مهارت جداسازی شما هم تمرین زیر را انجام دهید:

(غلط): من .... هستم. ← (درست): فکر می‌کنم که من .... هستم.

روش دیگر خنثی‌کردن افکار منفی، جایگزینی آن‌ها با افکار موزیکال است. مثلاً جملهٔ «من فکر می‌کنم چاق هستم» را با ریتم و آهنگین تکرار کنم و با آواز بخوانم. ذهن ما قصه‌گو و داستان‌سرای بزرگی است که بر پایهٔ تفکر منفی شکل گرفته است و مثل رادیو دائم در حال پخش گزارش و برنامه است. بر اساس پژوهش‌ها ۸۰٪ افکار ما محتوای منفی دارند. کافی است باور کنیم که این فقط یک داستان است. مثلاً وقتی من اضافه‌وزن دارم، ذهنم می‌گوید: «تو یک آدم چاقی!» به دنبال آن افکار تحقیرکننده و تضعیف‌کننده مثل دانه‌های پاپ کورن می‌ترکند و بالا می‌آیند؛ افکاری که نمی‌گویند چطور بخورم، بیشتر ورزش کنم و...، فقط احساس شکست را در من تقویت می‌کنند. آیا این افکار برای من مفید هستند و به لاغری‌ام کمک می‌کنند؟ اگر جواب بله است، به افکار توجه می‌کنم و اگر جواب نه است، خنثی می‌مانم.

درنتیجه، از خودم سؤال می‌پرسم: «آیا این فکر قدیمی است؟ آیا این فکر را قبلاً شنیده‌ام؟ آیا این فکر کمکم می‌کند و سودی عایدم می‌شود؟ آیا این فکر باعث لاغری من می‌شود؟ و....»

وقتی جواب «نه» است، پس این افکار سودمند نیست و نباید به آن‌ها توجه کنم. وقتی جنس افکار منفی در ذهن را می‌دانیم، درگیر آن‌ها نمی‌شویم و آن‌ها را جدی نمی‌گیریم.

ذهن ما هیچ‌گاه دست از داستان گفتن نمی‌کشد، حتی وقتی خواب هستیم (نکته: جدی نگیرید و اهمیت ندهید).

پس به‌جای اینکه فکر کنم من چاق هستم، فکر می‌کنم من ... هستم (مثلاً سیب، پروانه، موز و...). از دو راه حل زیر نیز می‌توان کمک گرفت:

- قدردانی از ذهن به‌عنوان یک تکنیک جداسازی

وقتی ذهن یک داستان قدیمی و تکراری را یادآوری کرد، با مهربانی بگوییم: «از تو متشکرم ذهن عزیز، قارقارو جان! چقدر جالب!» مثلاً ذهنم می‌گوید: «تو یک آدم چاقی!» من می‌گویم: «بله، من هم این تصور را دارم که چاق هستم. ممنون که یادآوری کردی!»

این بار که احساس بدی را تجربه کردیم و ذهن ما آن را قضاوت کرد و مثلاً گفت: «این اضطراب وحشتناک»، به ذهن می‌گوییم: «متشکرم ذهن عزیز» و آن قضاوت‌ها را آزاد می‌گذاریم.

● استفاده از صداهای احمقانه

مثلاً فکر من می‌گوید: «من چاقم.» ۱۰ ثانیه به آن فکر می‌کنم، بعد با صدای مضحکی مثل شخصیت‌های کارتونی، مثلاً با صدای شرک یا هیس در رابین‌هود آن را تکرار می‌کنم. فکر من با صدای شرک یا هیس خنده‌دار و تأثیرش کم می‌شود و دیگر آن قدرت قبل را ندارد. تا زمانی که جریان تغییر درون ما تازه است، کاملاً سلامت خواهیم بود. هدف زندگی شادمانه بودن است و عمل من سرنوشت من است. زندگی هدفمند منبع خشنودی و رضایتمندی است.

همین حالا اهداف خود را در سه بخش کوتاه‌مدت، میان‌مدت و بلندمدت بنویسید و اقداماتی را که برای رسیدن به هر یک لازم است یادداشت کنید.

....

....

....

....

دالایی لاما می‌گوید: «هدف اصلی ما در این زندگی، کمک به دیگران است.»

ذهن‌آگاهی

یک تمرین بسیار خوب برای ذهن‌آگاهی، ۱۰ تنفس عمیق با چشمان بسته و در آرامش است، بدون توجه به افکاری که مثل ابرها، ماهی‌های آکواریوم یا ماشین‌های بیرون می‌آیند و می‌روند.

تمرین ۱۰ ثانیه تمرکز روی هر قسمت از بدن مثل یک ایستگاه همراه با نفس‌های آرام و عمیق است؛ پاها، حالت قرارگرفتن پا، حالت و خمیدگی ستون فقرات، ریتم، سرعت و عمق تنفس، گرمی و وزن هوایی که در دم و بازدم جابه‌جا می‌شود، حالت‌های دست، حسی که در گردن و شانه دارید، دمای بدن، هوای روی پوست بدن و... .

یادتان باشد، آگاهی یعنی توجه کامل و تمرکز که با تفکر کاملاً متفاوت است. توجه، کلید شادی است و تمرکز بر جنبه‌های مثبت زندگی، شادی را به ارمغان می‌آورد.

یک نشانهٔ معمول افسردگی «فقدان احساس لذت» است. تنفس عمیق و کند باعث ایجاد آرامش و حس شادی می‌شود. با تنفس عمیق متوجه حالاتی نظیر کاهش تنش، آرامش، ذهن آرام و گاهی سرگیجه می‌شوید.

چه چیزی را در خود دوست ندارید و در گفت‌وگوهای ذهنی منفی و نامهربانانه با خود به کار می‌برید؟

احمق، کندذهن، چاق، زشت، تنبل، مغرور، قضاوت‌گر، حسود، حریص، پرخاشگر، بازنده، شکست‌خورده، جدی، بی‌انگیزه، نادان، عصبی، بی‌عرضه، ساده، لاغر، دراز، بی‌قواره و... .

درواقـع، همـهٔ ایـن برچسب‌ها بـه ایـن نتیجـه منجـر می‌شود کـه: «مـن بـه حـد کافـی خـوب نیسـتم.» و نشـانهٔ عزت‌نفـس پاییـن (عزت‌نفـس= بـاور فـرد دربـارهٔ خـود) اسـت. عزت‌نفـس بـالا، بـاوری مثبـت و عزت‌نفـس پاییـن، بـاوری منفـی دربـارهٔ خـود فـرد اسـت.

برایـان تریسـی می‌گویـد: «اعتمادبه‌نفـس جذاب‌تریـن ویژگـی یـک فـرد اسـت، امـا چطـور یـک فـرد می‌توانـد عظمـت را در وجـود شـما ببینـد، اگـر قبـلاً خودتـان آن را ندیـده باشـید؟»

در تمریـن مدیتیشـن، افـکار حـواس مـا را پـرت می‌کننـد، ولـی بـا تمریـن مـداوم، ایـن تکنیـک سـه مهـارت مهـم زیـر را در مـا رشـد می‌دهـد:

۱) چطور بدون توجه به افکار به آن‌ها اجازهٔ رفت‌وآمد دهیم.

۲) چطور تشخیص دهیم در دام افکار افتاده‌ایم.

۳) چطور به‌آرامی خود را از بند افکار رها و روی توجه و آگاهی متمرکز شویم.

همان‌طور کـه طبیعـت نیازمنـد زمـان اسـت و درخـت سـیب یک‌شبـه بـزرگ نمی‌شـود (ابتـدا بـذری می‌کاریـم و بـا مراقبـت دائمـی از آن و به‌مـرور زمـان بـه درختـی پرمیـوه تبدیـل می‌شـود)، رشـد و تکامـل انسـان هـم نیازمنـد زمـان و مراقبـت اسـت. افزایـش مهـارت نیـز بـه زمـان نیـاز دارد. از قدیـم گفته‌انـد: «کار نیکـو کـردن از پـر کـردن اسـت.» مثـلاً هیـچ فـردی بـا آمـوزش رانندگـی و گرفتـن گواهینامـه الزامـاً راننـده نمی‌شـود، بلکـه مداومـت و تمریـن زیـاد لازم اسـت تـا مسـیر عصبـی آن سـاخته شـود و زمـان در اینجـا عنصـر مهمـی اسـت.

بـرای تمریـن، بایـد یـک خاطـره یا تصویـر ناخوشـایند را بـه ذهـن بیاوریـم و توجـه کنیـم کـه چـه اثـری روی مـا دارد:

۱) آن تصویر را روی تلویزیـون ببینیم، با تصویـر بازی کنیم و آن را بکشیـم؛ فیلمـی آهسـته، تنـد، سیاه‌وسـفید و پررنـگ از ۱۰ ثانیـه تـا ۲ دقیقـه کـه اثـر تصاویـر خنثـی شـود و آزار نبینیـم.

۲) بـه فیلمـی کـه در تلویزیـون پخش می‌شـود یـک زیرنویـس «داسـتان ... مـن» بدهیـم. مثلاً «داسـتان چاقالـوی مـن» به‌طوری‌که مضحـک باشـد.

۳) یک قطعه موسیقی به فیلم بیفزاییم.

۴) در مکان‌هـای مختلـف تصویـر را ببینیـم، مثلاً روی پیراهـن ورزشـی دونده، روی لبـاس یک خواننـدهٔ معـروف، روی هواپیمـای ملخـی، عکـس روی جلـد مجلـه، پوسـتر اتاق‌خـواب و... البتـه بـا خلاقیـت.

۵) جایگزین‌کـردن «تصویـر ذهنـی مـن ایـن اسـت کـه...» به‌جـای «من فکـر می‌کنـم کـه...». مثلاً مـن به‌جـای اینکه بگویم «مـن فکر می‌کنـم کـه چـاق هسـتم»، بایـد بگویـم: «تصویـر ذهنـی مـن ایـن اسـت کـه مـن چـاق هسـتم.»

می‌خواهـم یـک داسـتان کوتـاه برایتـان تعریـف کنـم. روزی یـک کشـتی در دریـا در حـال حرکـت بـود. زیـر عرشـهٔ آن پـر از جن‌هـای وحشـتناک بـا پنجه‌هـای تیـز و دندان‌هـای برنـده بـود کـه بـه سرنشـینان کشـتی گفتنـد: «تـا زمانـی کـه کشـتی در دریـا حرکـت کنـد، کاری بـه شـما نداریـم، اما به‌محـض اینکـه بـه سـمت سـاحل برویـد، شـما را بـه مـرگ تهدیـد می‌کنیـم.» درنتیجـه،

کشتی بی‌هدف در دریا شناور شد و حسرت کشتی‌هایی را می‌خورد که به سمت ساحل حرکت می‌کردند. نکتهٔ جالب این است که جن‌ها فقط در تهدید ماهر بودند و هرگز توان آسیب جسمی نداشتند. با آگاهی به این موضوع، سرنشینان بدون ترس و پیروی از جن‌ها اجازه دادند هر کاری می‌خواهد بکنند (فریاد، اعتراض، تهدید و...) و کشتی را به ساحل هدایت کردند. چه حکایت آشنایی!

این داستان وحشتناک همان داستان تهدید افکار، احساسات، خاطرات و عواطف ماست. تا تلاش می‌کنیم در مسیر ارزشمندی حرکت کنیم یا فعالیت جدیدی آغاز می‌کنیم، اخطارها و تهدیدهای این جن‌ها آغاز می‌شود؛ همان کاری که ذهن اجداد ما قرن‌ها پیش برای زنده‌ماندن افراد می‌کرد.

درواقع، ذهن با افکار منفی، تصاویر ناخوشایند، خاطرات ناگوار و دامنهٔ وسیعی از احساسات و عواطف بد، به ما اخطار می‌دهد که برخی آن را «منطقهٔ امن» یا «منطقهٔ آرامش» تلقی می‌کنند، درحالی‌که «منطقهٔ فلاکت» یا «زندگی گمشده» است. شل سیلور استاین در کتاب بی‌نظیر قطعهٔ گمشده به همین موضوع اشاره دارد که برخی از ما بیش‌ازاندازه قطعهٔ گمشده داریم و روحمان پر از حفره‌های خالی است. برخی بالعکس، بیش‌ازاندازه قطعه داریم و خلأیی برای پر کردن نداریم. گاهی ما برای یافتن قطعهٔ گمشدهٔ خود به دنبال پول، علم، مقام، قدرت و همه‌چیز می‌رویم، ولی گمشده‌مان را نمی‌یابیم. فقط کافی است افکار و دیدگاه‌هایمان را تغییر دهیم و انرژی خود را به‌جای

گشتن به دنبال قطعهٔ گمشده، صرف تغییر و رشد خود نماییم. اگر اندیشه‌های منفی را در سر نپرورانیم و به آن‌ها خوراک نرسانیم، آن‌ها از کمبود توجه هلاک خواهند شد. پس باید یاد بگیریم این جن‌ها را مشاهده و به حضورشان عادت کنیم، اما اجازهٔ هدایت زندگی و تأثیر روی تصمیمات را به آن‌ها ندهیم.

به قول سقراط: «آدمیان به اعمال نادرست دست می‌زنند، زیرا نادرست می‌اندیشند.»

۲. ایجاد فضا: پذیرش احساسات به‌جای سرکوب آن‌ها

وقتی کسی شما را اذیت می‌کند، اندوهگین باشید. وقتی مرگ عزیزی را تجربه می‌کنید، سوگوار شوید. با تقویت حواس پنج‌گانه توجه و آگاهی خود را افزایش بدهید و احساساتتان را درک کنید و در آغوش بگیرید. وقتی غذای ما می‌سوزد، می‌پذیریم که سوخته است، ولی گرسنه نمی‌مانیم و یک غذای دیگر جایگزینش می‌کنیم.

۳. ارتباط: تمرکز بر زمان حال

داستان زندگی، چیزی جز تجربهٔ لحظهٔ حال نیست، زیرا گذشته یک خاطرهٔ تمام‌شده و آینده یک راز است. فقط لحظهٔ حال واقعیت دارد. در دنیا خوب و بدی وجود ندارد و انتخاب و واکنش تحت کنترل و به انتخاب خود ماست.

ژول ورن می‌گوید: «زمان حال درست شبیه برفی است که در دستان آدمی قرار دارد. چنانچه از آن استفاده نکنید، آب خواهد شد!»

ما در زندگی چهار رابطهٔ کلیدی را تجربه می‌کنیم که عبارت‌اند از: روابط عاطفی، اجتماعی، کاری و فرزندی.

با سپاسگزاری، روابط ما به حد فوق‌العاده عجیبی شادتر و معنادارتر می‌شود و موجب کامیابی و موفقیت بیشتر ما می‌گردد. تصور کنید در منزل یا محل کارتان، از افرادی که با آن‌ها در ارتباط هستید، بابت هر کاری، صمیمانه سپاسگزاری کنید؛ چه حس فوق‌العاده و ارزشمندی ایجاد می‌شود و چه رضایتمندی دل‌چسبی به دنبال دارد؟ برقراری ارتباط با دیگران و دیدار با آنان باعث شادی و معنابخشی به زندگی ما می‌شود. اگر انسان‌های دیگر را همان‌گونه که هستند و با ویژگی‌هایی که دارند بپذیریم و به‌جای انتقاد، قدرشناس حضورشان در زندگی‌مان باشیم، روابط شاد و پایداری را تجربه خواهیم کرد.

همین حالا به عکس سه نفر از مهم‌ترین افراد زندگی‌تان نگاه کنید و پنج ویژگی مهم آن‌ها را بنویسید و بگویید:

خدایا سپاسگزارم که .... در زندگی من حضور دارد، زیرا همیشه .... (من را می‌خنداند، از من حمایت می‌کند، به من کمک می‌کند، حس ارزشمندی در من ایجاد می‌کند و...).

سپس از خودش نیز تشکر کنید: .... از تو متشکرم.

امیدوارم اولین عکسی که به آن نگاه کردید، عکس خودتان باشد. به‌شدت معتقدم مهم‌ترین فرد زندگی هرکسی، اول خودش است. اگر ما بلد نباشیم به خودمان عشق بورزیم و شاد باشیم، چطور می‌توانیم عشق و شادی را به دیگران هدیه کنیم؟

همان‌طور که ما پول‌هایمان را در حساب بانکی پس‌انداز می‌کنیم، محبت و عشق را نیز در بانک عاطفی روابط ذخیره می‌کنیم. ترمیم روابط عاطفی با یک تماس، پیام، دیدار، هدیه و... موجب شادی و خوشحالی طرفین می‌گردد. یادمان باشد عشق بی‌قیدوشرط روابط پایدار می‌سازد. اگر شما بشنوید بانکی ورشکسته خواهد شد یا بانکی سود بیشتری می‌پردازد، رفتارتان یکسان است؟

راز داشتن روابط سالم و ماندگار در گوش‌دادن، حمایت، تشویق، احترام، اعتماد، پذیرش و حل اختلاف خلاصه می‌شود.

ساتیا سای بابا می‌گوید: «دست‌هایی که در حال خدمت‌اند، مقدس‌تر از لب‌هایی هستند که دعا می‌خوانند.»

در صورت عدم ایجاد روابط صمیمی، خوب و معنادار با خانواده، سلامت جسم و روان ما تهدید خواهد شد.

جالب است که افراد برای گرفتن گواهینامهٔ رانندگی ده‌ها ساعت آموزش مهارت رانندگی اجباری می‌بینند، اما برای اصلی‌ترین امور زندگی نظیر ازدواج، تربیت فرزند، راه‌اندازی کسب‌وکار و ارتباط مؤثر چه؟

آیا آموزش می‌بینند؟ در مدرسه و دانشگاه که متأسفانه جای آموزش این مهارت‌های کلیدی به‌شدت خالی است.

۴. مشاهدهٔ خود: خودآگاهی

خودآگاهی یعنی هوشیاری؛ به‌طوری که روی رفتار، افکار، عواطف، محیط و جسم متمرکز شویم. به‌عنوان مثال، آگاه باشیم از اینکه چه کاری برای رسیدن به اهدافمان انجام می‌دهیم، چه فکری در این خصوص داریم و چه احساسی را تجربه می‌کنیم، محیط را آماده و مساعد کنیم و با استراحت و تغذیهٔ مناسب به جسم توجه نماییم.

پیشنهاد می‌کنم از تکنیک مشاهده‌گری استفاده کنید. هر بار که حس ناخوشایندی را تجربه می‌کنید، به چهار سؤال زیر بدون قضاوت و تحلیل پاسخ دهید:

چه اتفاقی افتاد؟ چه فکری به ذهنم آمد؟ چه احساسی داشتم و اولین اقدام چیست؟ با مشاهدهٔ بدون قضاوت و مقاومتِ آنچه هست، به پذیرش می‌رسیم، خود را آن‌طور که هستیم می‌پذیریم و دوست داریم و روی بهبود نقاط ضعف و تقویت نقاط مثبت تمرکز می‌نماییم.

یکی از فاکتورهای بسیار مهم، ذهن‌آگاهی است که از طریق مدیتیشن، یوگا و تای چی حاصل می‌گردد. ذهن‌آگاهی نیز حالتی از هوشیاری است که با تقویت حواس پنج‌گانه و توجه، آگاهی را افزایش می‌دهد و به اینجا و اکنون متمرکز می‌شویم. درواقع:

انعطاف‌پذیری= ذهن‌آگاهی + ارزش‌ها + عمل متعهدانه

۵. ارزش‌هـا: آنچـه در زندگـی مـا مهـم و ارزشـمند بـوده و مسـیر زندگـی مـا را مشـخص کـرده اسـت، انگیـزۀ ایجـاد تغییـر اسـت.

ارزش‌هـای مـا در محـدودۀ معنویـات مـا می‌گنجـد، نـه مادیـات. به‌عنـوان مثـال، چاقـی یـا لاغـری، کوتاهـی یـا بلنـدی قـد، بینـی بـزرگ و... چیـزی از ارزش‌هـای مـا کـم نمی‌کنـد و هـر انسـانی بـا هـر وزن، قـد، چهـره و... می‌توانـد زندگـی خـود را صـرف ارتقـا و تقویـت ارزش‌هـای درونـی خـود کنـد.

۶. عمـل متعهدانـه: یعنـی هـر بـار شکسـت خـوردم، بـاز انجـام دهـم. تعهـد برکـت مـی‌آورد.

پائولوکوئیلـو می‌گویـد: «تنهـا کاری کـه بایـد انجـام دهیـم، ایـن اسـت کـه درک کنیـم همـهٔ مـا بنـا بـه دلیلـی بـه ایـن جهـان آمده‌ایـم کـه بایـد نسـبت بـه آن خـود را متعهـد کنیـم. آنـگاه اسـت کـه می‌توانیـم بـر رنج‌هـای بـزرگ و کوچـک خـود بخندیـم، بـدون تـرس پیـش برویـم و آگاه باشـیم کـه در هـر گام مـا مقصـودی و منظـوری نهفتـه اسـت.»

پـس بایـد بـا تکنیـک جداسـازی یـاد بگیریـم تصاویـر را همان‌گونـه کـه هسـت ببینیـم و پذیـرش داشـته باشـیم، یعنـی از آن‌هـا نترسـیم و ارزش‌هـای خـود را بـرای مبـارزه بـا آن تلـف نکنیـم. بایـد خاطـرات بـد را بـا همـهٔ حـواس به‌تنهایـی یـا بـه کمـک روان‌درمانگـر حـس کنیـم؛ خاطراتـی ماننـد ناکامی‌هـا، سـرخوردگی‌ها، طردشـدگی‌ها، توهیـن و تحقیرهـا، تجـاوز، خشـونت، شـکنجه و... .

برای خودپذیری کافی است از خود بپرسیم: مهم‌ترین چیز برایم چیست؟ از زندگی چه می‌خواهم؟ چگونه انسانی باشم؟ چه رابطه‌ای داشته باشم؟ و چرایی زندگی را پیدا کنیم. هروقت چرایی زندگی را بیابیم، چگونگی به دنبالش خواهد آمد.

وقتی زندگی را بر اساس ارزش‌های خود پیش می‌برید، نه‌تنها احساس لذت و سرزندگی می‌کنید، بلکه از زندگی معناداری برخوردار می‌شوید. در کتاب انسان در جست‌وجوی معنا، فقط کسانی زنده ماندند که معنا و ارزشی در زندگی داشتند؛ ارزش‌هایی مثل عشق به فرزند، آرزوی دیدار همسر، نوشتن کتاب خاطرات (پایبندی به ارزش‌ها).

زندگی یک بازی مهیج و مایهٔ تفریح، یک موسیقی با ضرب‌آهنگ‌های مختلف، یک رنگین‌کمان متنوع از رنگ‌ها، یک غذای پر ادویه، یک شیرینی جذاب و یک مسیر پرپیچ‌وخم است.

به قول نیچه: «هرکس چرایی برای زندگی داشته باشد، از پس چگونگی آن بر خواهد آمد.»

برای تمرین، خود را در ۸۰ سالگی تصور کنید و لیستی از اهداف ارزشمند خود تنظیم نمایید:

۱) ارزش‌هایتان را بنویسید؛

۲) کوچک‌ترین کاری که می‌توان برای هر یک انجام داد چیست؟

۳) تنظیم اهداف کوتاه‌مدت، میان‌مدت و بلندمدت؛

۴) تصور خود در حال انجام اقدام مؤثر؛

۵) برنامه‌ریزی.

....
....
....
....
....

آیا می‌دانستید که شکرگزاری و قدرشناسی کلید وفور نعمت است؟ با ستایش و شکرگزاری هر مانعی را می‌توان پشت سر گذاشت. تابه‌حال با عشق به چشمان همسر و فرزندتان خیره شده‌اید؟ از عطر خوش غذا، شیرینی و نان لذت برده‌اید؟ از عطر بدن عشقتان یا عطر گل‌های یاس و مریم سرمست شده‌اید؟ به صدای آواز پرندگان، خندهٔ کودکان یا باران گوش داده‌اید؟ به طلوع خورشید، قرص ماه یا برخورد امواج به صخره‌ها خیره شده‌اید؟

من هر بار کیک و شیرینی می‌پزم و بوی خوش عشق و زندگی سرمستم می‌کند، خالق بی‌همتا را شکر و از دستان هنرمند خودم قدرشناسی می‌کنم. از این به بعد، به تجربیات و عواطف مثبت خود از مزهٔ چیزی که می‌خورید، ریتم باران و پیاده‌روی در هوای لطیف پس از آن، حس زندگی پس از نفس‌های آرام و عمیق، توجه به چهرهٔ افراد مهم زندگی خود و... آگاه باشید، در زمان حال باقی بمانید، خود را از افکار منفی ناخوشایندی که می‌خواهند شما را با خود ببرند جدا کنید و با توجه به احساسات خوشایند متصل به ارزش‌هایتان لذت ببرید.

عشق «طبیب کائنات» و محبت «صاحب همهٔ قدرت‌ها» و «کلید شفا» است. هروقت با مهربانی، پذیرش و گشاده‌رویی رفتار کنید، احتمال دریافت این رفتارها از اطرافیانتان بسیار بالا می‌رود. زندگی مثل بالا رفتن از کوه است. هر سفر طولانی با یک گام شروع می‌شود.

به قول لائوتسه: «یک درخت هرچقدر هم که بزرگ باشد با یک دانه آغاز می‌شود و طولانی‌ترین سفرها با اولین قدم.»

مارک تواین می‌گوید: «۲۰ سال بعد بابت کارهایی که نکرده‌ای بیشتر افسوس می‌خوری تا بابت کارهایی که کرده‌ای. بنابراین، روحیهٔ تسلیم‌پذیری را کنار بگذار، از حاشیهٔ امنت بیرون بیا، جست‌وجو کن، بگرد، آرزو کن و کشف کن.»

کوچک‌ترین گامی که می‌توانم بردارم چیست؟

مثلاً برای کتاب نوشتن، فقط یک جمله بنویسید. برای شیرینی‌پزی، با پختن یک کوکی ساده شروع کنید. برای کتاب خواندن فقط یک خط بخوانید. همین‌قدر ریز و مسخره شروع کنید و با مداومت و تکرار، مسیر عصبی و عادات خوبی را خلق کنید.

زندگی موفق یعنی زندگی با ارزش‌ها و لذت‌بردن از مسیر زندگی، نه‌فقط هدف و به‌یادداشتن اینکه زندگی با درد همراه است. زندگی معنادار یعنی جداسازی فکر از خود، ایجاد فضای بروز احساسات، اتصال و تمرکز به اکنون با علم به اینکه خودِ مشاهده‌گر (آگاهی)، ارزش‌ها (چه چیزی مهم است)، عمل متعهدانه (انجام اقدام مؤثر در راستای ارزش‌ها) چیست.

در هر مشکلی دو عنصر مهم پذیرش و انجام اقدامی مؤثر و عملی برای بهبود وضعیت وجود دارد. در حل مشکل به شیوهٔ اکت، این نکته بسیار مهم است که در گذشته نمانیم، مشکلات را ریشه‌یابی کنیم و ببینیم در وضعیت کنونی باید چه کرد، به حل موضوع و راه‌حل فکر کنیم (یادمان باشد تولید معانی نکنیم و فکر از خود ما جداست). گاهی باید از تکنیک مشاهده (تماشای آکواریومی) استفاده کنیم. وقتی پر از دغدغه و نشخوار ذهنی هستیم، با آن‌ها مقابله نکنیم و در قلابشان نیفتیم؛ فقط مشاهده کنیم و مانند ابرهای آسمان عبور نماییم.

تحقیقات نشان داده است وقتی انسان به افکار خوشایند فکر می‌کند و خوشحال و آرام است، حواس پنج‌گانه‌اش بهتر می‌شود و حافظه، ذهن و اندام داخلی بدن وظایفشان را بهتر انجام می‌دهند. خوشبختی کیفیتی از ذهن است. باید در حال زندگی کنید. درواقع، خوشبختی در نبود مشکلات نیست، بلکه توانایی رویارویی صحیح با آن‌هاست. تمام دارایی ما، این لحظه است. کلید شادی متمرکز ساختن ذهن بر لحظهٔ حال است. بیشتر افراد روی آینده سرمایه‌گذاری می‌کنند، از زندگی امروز خود لذت نمی‌برند و پیوسته منتظرند در آینده اتفاقی بیفتد.

مثلاً دانش‌آموز دبیرستانی می‌گوید: «من درسم را تمام کنم و دیگر تکلیف نداشته باشم ایدئال است.» مدرسه تمام می‌شود و حالا تشخیص می‌دهد که تا خانهٔ مستقل نداشته باشد، خوشبخت نخواهد شد. بعد دانشگاه، شغل، ازدواج و انتظار مداوم برایش مهم خواهد بود: «وقتی ۱۸ سالم شد، وقتی گواهینامه بگیرم، وقتی دانشگاه قبول شوم، وقتی ازدواج کنم، وقتی شغل و درآمد خوبی داشته باشم، وقتی خانه بخرم، وقتی بچه‌دار شوم، وقتی لاغر شوم و... به خوشبختی خواهم رسید.»

دریغ از اینکه زندگی همین لحظات ارزشمندی است که سپری می‌کنیم. آن دانش‌آموز پیاپی شادی، خوشبختی و آرامش ذهنی‌اش در لحظهٔ حال را با رسیدن به آرزوهای آتی به تعویق می‌اندازد و شاد زیستن خود را به آینده‌ای خیالی و دوردست موکول می‌کند، فارغ از اینکه شادی امروزش را هم از دست داده است.

توماس لئونارد مربی رشد شخصیت می‌گوید: «انسان‌هایی که منتظر هستند تا گونه‌ای چوب‌دستی شگفت‌انگیز را برای تغییردادن زندگی خودشان بیابند، نمی‌توانند به‌خوبی پی ببرند که خودشان همان چوب‌دستی شگفت‌انگیز هستند.» من همیشه می‌گویم که چوب‌دستی فرشتۀ مهربان کارتون سیندرلا، همان معجزۀ آگاهی زندگی در حال و لذت‌بردن و سپاسگزاری از داشته‌هاست.

هرگاه در حال زندگی کنیم، ترس را از ذهن خود رانده‌ایم، چون این ترس فلج‌کننده، انجام هر عمل سازنده‌ای را برای ما ناممکن می‌کند. زمان یک مفهوم انتزاعی در ذهن ماست و تنها زمانی که در اختیار داریم «این لحظه» است.

اغلب مردم تعریف و تمجیدها را ظرف چند دقیقه فراموش می‌کنند، اما یک اهانت را سال‌ها به خاطر می‌سپارند و مثل آشغال‌جمع‌کن‌ها هنوز توهین ۲۰ سال پیش را با خود حمل می‌کنند. لازمۀ شاد زیستن، جست‌وجوی خوبی‌ها و زیبایی‌هاست. یکی منظرۀ زیبا را می‌بیند و دیگری کثیفی پنجره را. این ما هستیم که انتخاب می‌کنیم چه چیزی را ببینیم. یکی گفت: «چه دنیای بدی، حتی شاخه‌های گل هم خار دارند!» دیگری گفت: «چه دنیای خوبی، حتی شاخه‌های پر خار هم گل دارند!» عظمت در نوع نگاه، ادراک و تفکر انسان‌هاست. درواقع، قلم و رنگ در اختیار ماست که بهشت یا جهنم را ترسیم کنیم و وارد آن شویم.

فردی را در نظر بگیرید که از شغل خود بیزار است، حقوقش کمتر از انتظار و تنها و افسرده است. او همه را سرزنش می‌کند؛ وضعیت اقتصادی، گذشته، بخت بد، پدر و مادر، جامعه و... . اما آدم‌های موفق و شادی را هم می‌بینیم که بدون تحصیلات عالیه، بدون حمایت خانواده و... شاد و پرهیجان زندگی می‌کنند و با تلاش و کوشش گاهی به درآمدهای هنگفت نیز می‌رسند. با نشستن، زانوی غم درآغوش‌گرفتن و سرزنش‌کردن خود و دیگران راه به جایی نمی‌بریم. ما فقط یک بار زندگی می‌کنیم، حال اگر طوماری از دلایلی که «من نتوانستم» را با خود به گور ببریم، تنها معنایش این است که «نتوانسته‌ایم».

خوشبختی یک عادت و برداشت ذهنی است که باید آن را یاد بگیریم و تمرین و تجربه کنیم. اگر ما به فرمان هر حادثه واکنش نشان بدهیم که «عصبانی شو»، «ناراحت شو» و «حالا احساس بدبختی کن»، درواقع مثل برده‌ای مطیع هستیم. درحالی‌که اگر عادت خوشبختی را یاد بگیریم، دیگر برده و اسیر نیستیم، بلکه ارباب و آزادیم. حتماً در اطرافتان افرادی را دیده‌اید که هر حرفی بزنید، قصد دارند اثبات کنند که از همه بدبخت‌ترند. مثلاً من در اداره همکاری داشتم که در هر زمینه‌ای صحبت می‌شد، به عناوین مختلف اثبات می‌کرد که از همه بیمارتر و بدبخت‌تر است و راجع به هر پزشکی صحبت می‌شد، سریع آدرس و تلفنش را می‌گرفت و ویزیت می‌شد، چون همیشه به دنبال یک عامل بیرونی برای خوشبختی می‌گشت، غافل از اینکه الماسی ارزشمند درون او بود.

بودا می‌گوید: «خشمگین ماندن مانند این است که زغال‌سنگی گداخته را با این نیت در دستمان نگه داریم که آن را به سوی انسانی دیگر پرتاب کنیم. در این صورت فقط خودمان می‌سوزیم.» درواقع، احساسات بد و ناخوشایند دربارهٔ دیگران، زندگی خودمان را می‌سوزاند.

وقتی خشمگین هستید، مقابل آیینه بایستید و با کسی که شما را عصبانی کرده است حرف بزنید. همهٔ مسائل را به او بگویید. وقتی کامل مسائل را بازگو کردید، او را ببخشید و رها کنید و با خود تکرار کنید: « .... بر خطای تو قلم عفو می‌کشم و تو را می‌بخشم.» لبخندی به قلب مهربانتان هدیه کنید و آرامش را در آغوش بکشید. هیچ وسیلهٔ آرایشی زیباتر از لبخند بر لب نیست.

به قول سنایی:

«بیرون ز تو نیست هر چه در عالم هست

از خود بطلب هرآنچه خواهی که تویی»

آنچه امروز انجام می‌دهیم، مهم و روی فردا تأثیرگذار است. مثلاً ترک یک عادت ناشایست، ایجاد یک عادت سالم، وقت گذاشتن برای خانواده، تعیین اهداف، پس‌انداز، ورزش و... بر فردای ما تأثیرگذارند. هر جا که هستید، همان‌جا نقطهٔ آغاز است. تلاش بیشتر امروز، سازندهٔ فردایی متفاوت برای شماست.

لطفاً بهانه نگیرید و همین الآن سه تصمیم مهم بگیرید که موجب بهبودی سلامت شما، حرفه‌تان، خویشاوندانتان و زندگی‌تان شود و بر اساس آن عمل کنید.

....
....
....
....
....
....

همین امروز فهرست کارهایی را که باید در راستای شادی و حال خوب انجام دهید یا انجام آن‌ها مهم است بنویسید و بالای لیست عنوان کنید: «فهرست کارهای شگفت‌انگیز من». کافی است هروقت نیاز داشتید حالتان را خوب کنید، نگاهی به این لیست بیندازید یا آن‌ها را در کاغذهای کوچکی بنویسید، تا کنید و در یک جعبه یا بطری بیندازید؛ کارهای ساده و کوچکی مثل رفتن جلوی آینه و چسباندن یک بوسه بر گونه، گوش‌دادن به

یک موزیک شاد و رقص، پیاده‌روی، آشپزی، شیرینی‌پزی، مطالعه، تماس با یک دوست، نقاشی، رنگ‌آمیزی، حل جدول، نوشتن یک عبارت تشکرآمیز، ورق‌زدن آلبوم عکس، تماشای فیلم یا سریال، مرتب‌کردن کمد یا کابینت، خرید، زل‌زدن به آیینه و گفتن عبارت طلایی «دوستت دارم»، آواز خواندن، رفتن به رستوران یا کافی‌شاپ، یوگا، مدیتیشن، یک نفس عمیق، نگهداری از گل و گیاه، نوشتن احساسات، بازی‌کردن با کودکان، گذاشتن یک ماسک روی صورت و مرور خاطرات خوش گذشته، درست‌کردن یک خوراکی سریع و ساده مثل بستنی و... .

....

....

....

....

....

فصل چهارم: آشنایی با ذهن

عملکرد مغز

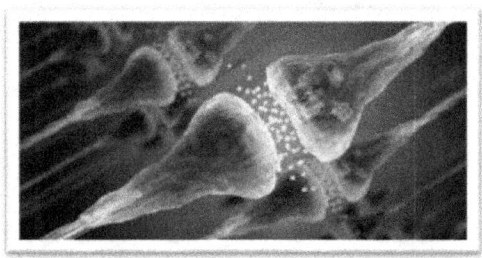

مغز انسان، پیچیده‌ترین پدیدهٔ جهان، حدود دو درصد وزن بدن را تشکیل می‌دهد، اما آن‌قدر عضو حیاتی و مهمی است که حدود ۲۰ درصد غذا و اکسیژن بدن را مصرف می‌کند. دیدن، شنیدن، بوییدن، لمس‌کردن، صحبت‌کردن، ادراک، آموزش، حرکت، تصمیم‌گیری، حافظه، اندیشه، یادگیری و... همگی در مغز رخ می‌دهند. متأسفانه وقتی افراد دچار مرگ مغزی می‌شوند، قادر به ادامهٔ حیات نیستند و در اغلب موارد اعضای بدنشان را هدیه می‌کنند.

در مغز ما ۱۰۰ میلیارد نورون وجود دارد و هر نورون تا ۱۰۰۰۰ ارتباط شیمیایی و الکتریکی با سایر نورون‌ها برقرار می‌کند. نورون‌ها برای انتقال پیام به هم وصل نمی‌شوند، بلکه با فاصله‌ای به نام سیناپس مواد شیمیایی یا پالس‌های الکتریکی را ردوبدل می‌کنند و مسیر عصبی پیام ساخته می‌شود. درواقع، هر رفتاری حاصل دستورات قسمت‌های

مختلف مغز است و خبر خوب اینکه مغز انعطاف‌پذیر است و با تمرین و تکرار تغییر مسیر می‌دهد.

به‌عنوان مثال، من عادت دارم وقتی عصبانی می‌شوم، غذا بخورم. درنتیجه، هر اتفاقی که مطابق میل من نیست، باعث عصبانیت من و درنهایت غذاخوردن می‌شود (پرخوری عصبی که بسیاری از افراد دچارند). حالا در یک دورهٔ مدیتیشن شرکت می‌کنم، مسیر عصبانیت در ذهن من باریک‌تر و مسیر جدید آرامش به‌مرور زمان ساخته و با تمرین و تکرار قطورتر می‌شود. برای همین هر کاری در ابتدا سخت است و به‌مرور زمان راحت می‌شود، مثل رانندگی، شیرینی‌پزی، نواختن ساز و ... .

کار ذهن اجداد غارنشین ما فقط حفظ بقا و توصیهٔ آن، زنده ماندن بود. نکتهٔ جالب اینکه ذهن پیچیده علی‌رغم گذشت قرن‌ها تغییری نکرده است. اجداد ما منفی‌نگر بودند، چون اگر از غار بیرون می‌آمدند و مار را با دید مثبت، مانند تکه‌ای چوب می‌دید، مار آن‌ها را نیش می‌زد و می‌مردند. ذهن مدرن ما منفی‌نگر و به دنبال بیشتر و بیشتر است. انسان دائم در حال مقایسه، ارزیابی و انتقاد از خود با تمرکز بر روی آنچه نداریم است؛ و چه سم مهلکی است این مقایسه!

کار ذهن چیست؟ ما ضمیر هوشیار و ناهوشیار داریم. انسان‌های همیشه نالان یک داستان غم‌انگیز دائمی در زندگی دارند. حتماً در اطرافتان افرادی را دیده‌اید که تا به آن‌ها می‌رسید شروع به ناله

می‌کنند: «داغونـم، لـهِ لـه هسـتم، ورزش کـردم سـیاتیکم گرفتـه اسـت، گربـه‌ام مـرده اسـت، تصـادف کـردم، سـردرد دارم، هیچـی نـدارم، بدبختـم، پـول نـدارم، شـانس نـدارم، وقـت نـدارم، انـرژی نـدارم، مـادر نـدارم و... .» برخـی هـم استعداد شـگرفی بـرای حادثه‌سـازی دارنـد؛ از نردبـان می‌افتنـد، زمیـن می‌خورنـد، بـرق آن‌هـا را می‌گیـرد، تصـادف می‌کننـد، بیمـار می‌شـوند و... .

مغـز مـا از هـزاران سـال قبـل تاکنـون یـک فراینـد اصلـی دارد: بقـا و زنـده مانـدن بـا فـرار از خطرهـای لحظـه‌ای و به‌دسـت‌آوردن پـاداش.

جالب اینکه مغز ما به دلایل زیر به‌شدت منفی‌نگر است:

۱. منفی بودن باعث امنیت می‌شود.

۲. مرور خاطرات بد باعث یادگیری و اجتناب می‌شود.

۳. مقایسهٔ دائمی برای اینکه مانند دیگران باشید.

۴. همیشه بیشتر نیاز دارید.

درواقـع، شـادی و آرامـش هیـچ کاربـردی نداشـته و مغـز مـا بـرای خوشحالی و آرامـش طراحـی نشـده اسـت. پـس بایـد آمـوزش ببینیـم و تمریـن و تکـرار کنیـم تـا شـاد باشـیم.

دنیل کانمن معتقد است که مغز دو سیستم فرایندی دارد: اول سیستم داغ که سریع و ناآگاهانه است و احساسات، هیجانات و واکنش‌های ماست و دوم سیستم سرد که کند و آگاهانه است و حافظه، تمرکز، تصمیم‌گیری، حل مسئله و خلاقیت ماست. سیستم داغ خیلی قوی و فعال است. دیدید در برخورد با مسائل سریع داغ می‌کنیم، عصبی می‌شویم، برخورد می‌کنیم؟

هر بار که ما تصمیم به تغییر می‌گیریم، «مقاومت» آغاز می‌شود و به مبارزه فراخوانده می‌شویم. مثلاً حتماً تجربه کرده‌اید که تا تصمیم به شروع رژیم غذایی می‌گیریم، همان هفته به مهمانی و عروسی‌های متعدد دعوت می‌شویم. پس برای مبارزه باید کمربندها را محکم ببندیم.

الگوهای رفتاری از بدو تولد شکل می‌گیرند، مثلاً الگوی خوردن: نوزاد به هر دلیل اعم از درد، سرما، گرما، تنهایی، خیس کردن، ناتوانی، خستگی، تشنگی و... گریه می‌کند، به او شیر (غذا) داده می‌شود. ذهن خالی کودک مثل یک ابر اسفنج اطلاعات را به خود جذب می‌کند. خبر خوب اینکه این الگوهای رفتاری شکست‌ناپذیر نیستند. پس همیشه از خود به‌خوبی یاد کنید و به خود عشق بورزید.

آلبرتو موراویا می‌گوید: «لباس‌های زیبا شاید در کوتاه‌مدت زیبایی ما را تکمیل کنند، ولی بی‌شک در مدت‌زمان طولانی، ذهن زیباست که جذابیت دارد. قطعاً کسی نمی‌تواند منکر جذابیت ابدی یک روح زیبا شود.»

ویلیام گلسر می‌گوید: «تمام آنچه می‌توانیم از دیگران دریافت کنیم یا به آن‌ها بدهیم، اطلاعات است. اطلاعات به‌خودی‌خود نمی‌تواند احساس یا عملی را در ما به وجود بیاورد. اطلاعات وارد مغز ما می‌شود، در آنجا پردازش می‌گردد و آن‌وقت تصمیم می‌گیریم چه کار کنیم.»

مغز ساختار پیچیده و شگفت‌انگیزی دارد. مثلاً ولع خوردن کار بخش عمقی مغز (لیمبیک) مغز ماست که به آن سیستم داغ هم می‌گویند. کنترل لیمبیک به عهدهٔ قشر پیشانی مخ است و خوشبختانه برای تقویت آن می‌توانیم کارهایی با دقت بالا انجام دهیم؛ کارهایی نظیر بازی شطرنج، حل جدول، مکعب روبیک، پرتاب دارت، یادداشت کارهای روزانه، حل جدول سودوکو، نوشتن با دست مقابل، نوشتن خاطرات، یادگیری یک زبان جدید، رؤیاپردازی، تصویرسازی ذهنی، مدیتیشن و... .

مغز از نظر اندیشه به کنترل نیاز دارد و انسانی که قدرت کنترل افکار و اندیشه را دارد، می‌تواند مشکلات روانی خود را حل کند. تصویر ذهنی مثبت، مختص انسان مثبت‌نگر، سازنده، لایق و عاشق و تصویر ذهنی منفی مخرب، نالایق و مردم‌آزار است. تصویر ذهنی زن و شوهر از یکدیگر تعیین‌کنندهٔ سرنوشت زناشویی آن‌هاست. برخی سلامت روان را در همه‌جا جست‌وجو می‌کنند، غیر از «خود».

به قول حافظ:

«سال‌ها دل طلب جام جم از ما می‌کرد

آنچه خود داشت ز بیگانه تمنا می‌کرد»

این روزها تنش و فشار روانی واژه‌های رایجی شده‌اند. باید در محدودهٔ امروز زندگی کنیم و به جنگ توهمات گذشته نرویم. مغز نمی‌تواند درآن‌واحد سه مسئلهٔ مختلف را حل کند. پس در لحظه فقط به یک مسئله می‌اندیشیم، مثل ساعت شنی که دانه‌های شن یکی‌یکی از مجرا عبور می‌کنند و می‌افتند. وقتی ما آرام و آسوده هستیم، ریتم مغزی حرکت آرام‌تری به خود می‌گیرد و انسان توانایی و خلاقیت بیشتری نشان می‌دهد و نتایج مطلوب به دست می‌آید.

باید انتظارات واقع‌بینانه داشته باشیم. ما درگیر داستان‌های ذهن خواهیم شد. این کار ذهن است، اما می‌توانیم آن را اصلاح کنیم تا در تلهٔ شادمانی گیر نیفتیم.

وقتی افکار و تصاویر ناخواسته، مضطرب‌کننده و وحشتناک به ذهن می‌رسند، شاید به خود بگوییم: «نه! درباره‌اش فکر نکن.» اما این موقتی است و دوباره افکار با شدت بیشتر بازمی‌گردند.

با خوردن شیرینی ماده‌ای به نام دوپامین در مغز ما ترشح می‌شود که منطقهٔ پاداش مغز را تحریک می‌کند و ما احساس نشاط و شادی فوری می‌کنیم. درواقع، پیام مرکز پاداش این است که «از این کار لذت بردم و تمایل دارم دوباره همین کار را تکرار کنم.» مسیر عصبی اغلب لذت‌های ما مشترک است؛ روابط زناشویی، خوردن شیرینی، رقص، موسیقی و... . اقدام هرچه باشد، تقریباً مسیر عصبی یکی است. پس باید برای لذت‌های دیگر زندگی جا باز کنیم و مسیر عصبی‌اش را

بسازیم، مثل دوستی جدید، شرکت در کنسرت، خرید وسایل موردعلاقه، انجام کارهای هنری، رقص و آواز، تور تفریحی، خواندن کتاب، گردش در شهر، رانندگی، تماشای فیلم و سریال، رفتن به سینما یا تئاتر، حل معما و جدول، مراقبت از گل و گیاه، شرکت در انواع دوره‌های آموزشی (خیاطی، فن بیان، آشپزی، شیرینی‌پزی، خودشناسی و...).

اندیشه‌ها در ذهن انسان مانند دستگاه پاپ کورن، دائم در حال تولید هستند.

به قول افلاطون: «ذهن خالق واقعیت است و برای تغییر واقعیت باید ذهن را تغییر داد.»

دکتر ژوزف مورفی می‌گوید: «کافی است شب‌ها قبل از خواب ۵ دقیقه زندگی خوش و شاد فردایتان را در خاطر مجسم کنید و مابقی کارها را به ضمیر ناخودآگاهتان بسپارید.»

چهار مادهٔ شیمیایی زیر وقتی در مغز ما ترشح می‌شوند، احساس خوبی داریم:

دوپامین یا هورمون پاداش (لذت آنچه دنبالش هستیم)، اکسی توسین (هورمون امنیت، عشق و صمیمیت)، سروتونین (احترام و توجه) و اندروفین (تسکین درد).

جایگاه ترس

ما فقط دو ترس غریزی داریم: ترس از صدای بلند و ترسِ افتادن از عقب. بقیهٔ ترس‌ها را یاد گرفته‌ایم. آمیگدال مغز ترس‌های ما را ذخیره می‌کند و به خاطر می‌سپارد. برای رفع مشکل، از تمرین‌های ذهن‌آگاهی می‌توان کمک گرفت.

ترس یعنی ماندن در دایرهٔ امن و قاتل آرزوها و رؤیاهای ماست. ترس باعث می‌شود ما از دایرهٔ امن خود فراتر نرویم و برای رسیدن به اهداف و حل مسائل و چالش‌هایمان اقدام جدی نکنیم.

ترس‌هایی که در زندگی تجربه می‌کنیم، در شش طبقه جای دارند:

- ترس از شکست: چند بار به خودتان گفته‌اید «من این‌همه رژیم گرفتم و ورزش کردم. آخرش که چه؟ لاغر نشدم که! و...»؟ همین کافی است که دیگر اقدام نکنید یا انرژی کافی برای اقدام نگذارید، درحالی‌که به‌جای تمرکز بر روی شکست، باید از خودتان بپرسید: «اگر لاغر شوم چه؟ اگر موفق شوم چه؟ چه اتفاقات خوبی در زندگی من می‌افتد؟» همین باعث اقدام، موفقیت و شادی می‌شود.

• ترس از ضرر: چند بار به خودتان گفته‌اید «ممکن است با تلاش برای رسیدن به هدفم چیزهایی را از دست بدهم. مثلاً برای لاغری و کاهش وزن باید رژیم بگیرم و لذت خوردن شیرینی را از دست بدهم.» یا «برای قبولی در آزمون دکترا باید شب‌ها از خواب ناز بگذرم.» البته که همین‌طور است، ولی باید بپرسید «چه چیزهایی ممکن است به دست بیاورم؟» مثلاً سلامتی، خوش‌تیپی و لباس‌های شیک. همین امر، انگیزهٔ اقدام و رسیدن به هدف و شادی می‌شود.

• ترس از سختی‌های مسیر: مثلاً فردی که می‌خواهد وزن کم کند، از دشواری روند لاغری می‌ترسد. البته که تغییر و خروج از دایرهٔ امن و ترک عادت‌ها سخت است، اما باید خوب فکر کنید چطور می‌شود به این مسیر با دید مثبت نگریست و مثل یک بازی و چالش لذت‌بخش با روند موضوع برخورد کرد تا به موفقیت و شادی دست یافت.

• ترس از حرف دیگران: ترس و نگرانی از قضاوت‌ها، اظهارنظرها و حرف‌های مردم دلیل مرگ بسیاری از رؤیاهای ماست. مثلاً کسی که شغل کارمندی‌اش را دوست ندارد و می‌خواهد آن را رها کند و به دنبال کسب‌وکار خود برود، می‌ترسد که مردم بگویند: «مگر دیوانه شدی؟ شغل ثابت با حقوق و امنیت را رها می‌کنی؟ سابقهٔ

بیمـه‌ات چـه؟ ایـن‌همـه سـال زحمـت کشـیدی! اکثـر کسب‌وکارهـا ورشکسـته می‌شـوند و تـو نمی‌توانـی و...» (متأسـفانه مـن خـودم ایـن مـورد را تجربـه کـرده‌ام). در حالی‌کـه حـرف مـردم بـه دلیـل حسـادت و عصبانیـت از شـرایط خودشـان، عـدم آگاهـی آن‌هـا از نیـت و هـدف شـما یـا بـه دلیـل خیرخواهـی اسـت. واقعیت‌هـای زندگـی دیگـران مربـوط بـه آن‌هاسـت. بایـد در قبـال آن‌هـا ناشـنوا بـود، فقـط از نظـرات خیرخواهانـه والدیـن و افـراد حرفـه‌ای درس گرفـت و در مسـیر نیـل بـه اهـداف از آن‌هـا بهـره جسـت.

«بـا قضـاوت درمـورد دیگـران، قلـب خـود را بـه روی عشق‌ورزیـدن بـه آن‌هـا خواهـی بسـت.» مـادر تـرزا

- ترس از موفقیت: برخی موفقیـت و رسـیدن بـه اهـداف را معـادل درد و رنـج زیـاد می‌داننـد و مثلاً فکـر می‌کننـد کـه زیـاد پولـدار شـدن، باعـث عـدم امنیـت می‌شـود. در ایـن موقعیـت، بایـد بـاور مثبتـی را جایگزیـن بـاور محدودکننـده کـرد.

- صدای منتقد درون: احتمـالاً بـرای شـما هـم پیـش آمـده اسـت کـه هروقـت خواسـتید کار بزرگـی انجـام دهیـد و به‌اصطـلاح از دایـرهٔ امـن خـود خـارج شـوید، یـک نـدای درونـی می‌گویـد: «نکـن! شکسـت می‌خـوری. چـه فکـر کـردی؟ تـو تجربـهٔ کافـی نـداری، بایـد بهتریـن باشـی، تـو موفـق نمی‌شـوی و مـردم بـه تـو خواهنـد خندیـد.» متأسـفانه ایـن تـرس عمیـق اسـت و ریشـه در کودکـی دارد. بـرای مقابلـه بـا قارقـاروی درون، بایـد آن را

شناسایی کرد، به چالش کشید و با پیام جدید مخالف آن جایگزین کرد. در موارد خیلی عمیق و جدی لازم است از یک روان‌درمانگر برای مقابله با این ترس کمک گرفت.

لطفاً بنویسید شما در زندگی بیشتر با کدام ترس‌ها درگیر هستید و باورتان دربارهٔ آن چیست؟ اقدامات لازم و باور جدید جایگزین را هم بنویسید و مرتب تکرار و تصویرسازی ذهنی کنید.

....
....
....
....

فصل پنجم: پذیرش، احساس ارزشمندی و خویشتن-دوستی

خویشتن‌دوستی

استاد سیدا می‌گوید: «افراد شاد، عاشق‌اند و افراد عاشق، شاد.»

شما سزاوار عشق و احترام هستید. عشق‌ورزیدن به خویشتن به ما آرامش ذهنی و تعادل روحی می‌بخشد، توان محترم داشتن خود و دیگران را به ما می‌دهد، برای رسیدن به خواسته‌هایمان به ما قوت قلب می‌بخشد و یکی از عوامل زندگی موفق است. عشق‌ورزیدن به خویشتن یعنی بپذیریم کاستی‌ها هم بخشی از انسان بودن ماست.

به قول اندرو متیوس: «فراگیری عشق به خویشتن، بزرگ‌ترین عشق‌هاست.»

کافی است خودمان را اعم از جسم، روح، فکر و احساس، معبدی بسیار مقدس بدانیم. البته گاهی ما عشق را با وابستگی و دل‌بستگی عاطفی اشتباه می‌گیریم. درحالی‌که عشق واقعی یعنی آزاد و رهاکردن آنچه دوست داریم، وابستگی و دل‌بستگی عاطفی رنگ و بوی تعلق دارد و به قیدوبند منجر می‌شود.

شادی و حال خوب خود را وابسته به چیزهایی که در اختیار شما نیست نکنید. کافی است به چیزی اعتیاد نداشته باشیم و به‌جای دل‌بستگی و وابستگی فقط علاقه داشته باشیم. از صمیم قلبم ایمان دارم و تجربه کرده‌ام که هرچه بیشتر دوست بداریم و عشق بورزیم، مهر و عشق بیشتری را به خود هدیه می‌کنیم.

دقت کنید وقتی یکی از عزیزانمان در بستر بیماری است، شب تا صبح بر بالینش بیدار می‌مانیم و مهم‌ترین چیز برای ما بهبودی حال آن عزیز است. قطعاً ما در آن لحظات شاد نیستیم، اما لحظات حقیقی را سپری می‌کنیم. لحظۀ اکنون! آنچه در لحظه وجود دارد، می‌تواند غم و اندوه، شادی و نشاط یا هر موهبت دیگری باشد و ما باید یاد بگیریم که در لحظات حقیقی شاد باشیم. صبح به آفتاب سلام کنیم، نفس عمیق بکشیم، به اطرافیانمان بگوییم چقدر دوستشان داریم و شب‌ها با لبخند به خدا شب‌به‌خیر بگوییم.

با قانون رهایی یعنی آزادسازی، دشمنان را ببخشیم و دوستان را رها و آزاد کنیم.

به قول جبران خلیل جبران: «یکدیگر را دوست بدارید، اما عشق را به بند نکشانید، بگذارید میان باهم بودنتان فاصله‌هایی باشد. کنار هم بایستید، اما نه چسبیده به هم. وقتی جسم آسوده است متابولیسم متوازن، فشارخون پایین و تنفس عمیق و آسان می‌شود.»

ما مشکلات را با ترس‌ها و اندیشه‌هایمان می‌سازیم و رهایی بهبود می‌آورد نه مرگ.

داستان فیل سفید را شنیده‌اید؟ در ایام کهن پادشاهی یک فیل سفید خیلی گران‌بها و کمیاب را به پادشاه کشور همسایه هدیه کرد. هزینهٔ نگهداری و خورد‌وخوراک این فیل بسیار بالا بود، اما با وجود جنگ و قحطی پادشاه دلش نمی‌آمد فیل را کنار بگذارد و رها کند، درحالی‌که به هیچ دردی نمی‌خورد. هر یک از ما فیل‌های سفید زیادی در زندگی داریم که بدون داشتن هیچ نفع و فایده برایشان هزینه می‌کنیم و عامل حال بد ما می‌شوند؛ عادت‌های مخرب و منفی مثل سیگار، پرخوری، عدم تحرک، اتلاف وقت، قضاوت، مقایسه، وابستگی و دل‌بستگی به افراد یا وسایل زندگی (لباس، کریستال، بدلیجات و غیره) و... . لطفاً با دقت فکر کنید و فیل‌های سفید زندگی‌تان را شناسایی و رها کنید. شما شایستهٔ بهترین زندگی هستید.

....

....

....

....

باید تمرین کنیم با خود مهربان رفتار کنیم و محبت و عشق را نثار وجود ارزشمند خود نماییم. گاهی خودمان را ناز و نوازش کنیم و قربان صدقهٔ خودمان برویم، به خود استراحت بدهیم، برای خودمان گل یا هدیه بخریم، در مقابل آیینه به چشمان خود زل بزنیم و عبارت «دوستت دارم» را به خود هدیه کنیم. یادمان باشد که انتقاد، روح و روان ما را ویران و تعریف و تمجید آن را رشد و ارتقا می‌بخشد. من هر ماه موقع عادت ماهیانه یک روز به خودم استراحت می‌دهم؛ آشپزخانه و کار منزل تعطیل می‌شود و به اعضای خانواده اعلام می‌کنم که امروز روز استراحت من است.

پذیرش و احساس ارزشمندی

احساس ارزشمندی یعنی پذیرش نامشروط خود؛ پذیرش تمام نقاط ضعف و قوت خود همان‌طور که هستیم و جدا از دستاوردهایی که داشتیم و افکار و قضاوت‌های دیگران. پذیرش به معنی درآغوش‌گرفتن زندگی است، نه تحمل و تسلیم شدن در برابر مسائل.

به قول دکتر انوشه: «خدایا شجاعتی ده تا تغییر دهم آنچه را می‌توانم، آرامشی عطا فرما تا بپذیرم آنچه را نمی‌توانم تغییر دهم و خردی که تفاوت این دو را تشخیص دهم.»

«پذیرش» یعنی صلح و آشتی با خود. همهٔ ما انسان‌ها مخلوق خدای مهربان و ارزشمند هستیم.

«خودپذیری» به معنی پذیرش ماهیت وجودی خود، مهربانی با خود، پذیرش اینکه من انسانم و کامل نیستم، درگیر قضاوت ذهنی (چه خوب و چه بد) نشدن و شناسایی نقاط قوت و ضعف است، زیرا ماهیت انسان‌ها یکی است و نقش‌ها متفاوت است.

یادمان باشد که انسان کامل وجود خارجی ندارد و هر یک از ما منحصربه‌فرد و فقط شبیه خودمان هستیم. ما را بهترین نقاش عالم، خداوند متعال خلق کرده است.

پس خود را در آغوش بگیرید و با خود آشتی کنید. برای تقویت احساس ارزشمندی، یعنی خود را همان‌گونه که هستید (کوتاه، بلند، چاق، لاغر و...) بپذیرید، برای خودتان اهداف مشخص تعیین کنید، برای رسیدن به آن برنامه‌ریزی کنید، با مشکلات مقابله کنید و از دشواری‌ها و شکست نترسید، به افکار بیهوده اجازهٔ کنترل ندهید و به وجود انسانی خود احترام بگذارید.

از برچسب‌زدن به خود و دیگران (بی‌اهمیت، بی‌ارزش، ناامید، بی‌صلاحیت، درمانده، نامتعادل، تنبل، پخمه و...) دوری کنید. آنچه ما هستیم، با آنچه انجام می‌دهیم، دو مقولهٔ جدا از هم هستند. در مواجهه با مشکلات یادتان باشد که همه اشتباه کرده‌اند و می‌کنند. مهم این است که اشتباهات خود را شناسایی و بررسی کنیم، از آن‌ها درس بگیریم و با انتخاب‌های بهتر زندگی مطلوب و شادی برای خود رقم بزنیم. درواقع، هنگام مواجهه با مشکلات به‌جای خشم و ناامیدی،

ابتدا مشکل را تعریف کنیم، سپس علت آن را بیابیم و بپذیریم این مسئلهٔ ماست و در آخر، افکار ناکارآمد را که باعث تخریب احساس ارزشمندی در ما می‌شود، شناسایی و افکار کارآمد را جایگزین آن‌ها کنیم.

در کلاس آموزش کیک، هنرجوی نازنینی داشتم که مرتب به خود برچسب می‌زد. مثلاً می‌گفت: «من تنبلم و تا ظهر می‌خوابم، من بی‌استعدادم و نمی‌توانم کیک بپزم و... .» بعد از مشاوره و راهنمایی که به او دادم، با توجه به توانایی‌ها و ظرف وجودی خودش، اهداف و خواسته‌هایش را تعیین و برنامه‌ریزی کردیم و او قول داد با مهربانی و شفقت با خود رفتار کند و توقعات سمی را از خود دور کند. در ادامه، با تکرار و تمرین آیتم‌های کلاس را درست کرد، با روحیه‌ای بسیار مثبت و شاد کلاس را به پایان رساند و قول داد همیشه مهارت‌های مهمی را که آموخته بود تمرین کند. حالا می‌دانست قضاوت، مقایسه، ترس، تنبلی، عدم خویشتن‌دوستی، عدم بخشش و عدم توجه به کلام، چه آسیب‌هایی به روح و روانش زده بود.

کامل‌گرایی دشمن بزرگ شادی است. تلاش برای بی‌نقص بودن ما را به رضایت و خشنودی نمی‌رساند. واژه‌هایی چون کمال‌گرایی، کمال‌طلبی، بی‌نقص‌گرایی، پرفکشنیسم و...، یعنی استانداردهایی که ضررهای بیشتری از منافعشان دارند. افراد کمال‌گرا توقعات زیر را از خود دارند که متأسفانه باعث عدم موفقیت، عیب‌جو و بدقلق شدن، ترس از حرف مفت دیگران، اهمال‌کاری، شکست روابط عاطفی و مشکلات عدیده می‌شوند:

من نباید هیچ عیب و نقصی داشته باشم، همه باید از من خوششان بیاید و راضی باشند، نباید مرتکب اشتباهی بشوم، هیچ‌کس نباید به من نه بگوید، همه باید آن‌جور که من می‌خواهم کامل باشند، باید کارها را بی‌نقص انجام بدهم و... . ببینید این ویژگی یکی از مکانیسم‌های پیچیدهٔ مغز است که موجب می‌شود همه از شما مهم‌تر شوند و درعین‌حال، همیشه از زندگی ناراضی باشید. یادم می‌آید همکلاسی دوران دبستانم برای نمرهٔ ۱۹/۵ ساعت‌ها گریه می‌کرد و معلممان به او گفت: «ارزش تو به نمره نیست. تو به دلیل انسان بودنت ارزشمند هستی.»

لطفاً همین حالا بررسی کنید و ببینید در چه موقعیت‌هایی ارزش خودتان را به گرفتن نمرهٔ کامل و ۲۰ دانسته‌اید؟ در چه موقعیت‌هایی گفته‌اید یا کاری را انجام نمی‌دهم یا آن را کامل انجام می‌دهم؟ بعد برایشان اقدام کنید.

....

....

....

....

از نظر ویلیام گلسر، سلامت روان یعنی «واقعیت‌پذیری و مسئولیت‌پذیری». یعنی بپذیریم که کامل نیستیم (کافی هستیم) و به‌جای مقایسه، ترس و فرار، برای انجام کارها تصمیم بگیریم و با گام‌های کوچک اقدام کنیم.

فصل ششم:
رابطهٔ شادی با زندگی سالم چیست؟

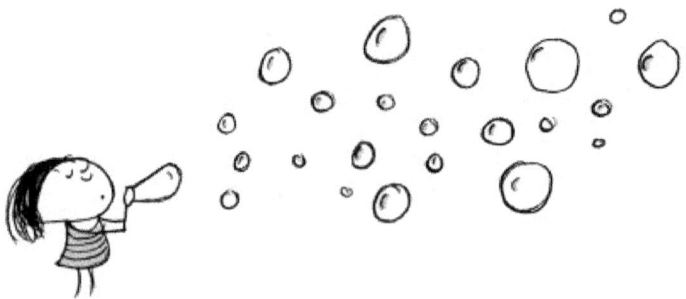

عوامل زندگی سالم

«زندگی زیباست، چشمی باز کن،

گردشی در کوچه باغ راز کن،

زندگی یعنی همین پروازها،

صبح‌ها، لبخندها، آوازها...»

سیستم ایمنی بدن سیستمی پیچیده است که وظیفهٔ سالم نگه‌داشتن بدن را بر عهده دارد. عواملی که به ضعف این سیستم منجر می‌گردند عبارت‌اند از: خوردن غذاهای نامناسب، مصرف ناکافی آب، خواب ناکافی، عدم ورزش و تحرک ناکافی، عدم استفاده از نور خورشید، تنفس در هوای آلوده، زیاده‌روی و عدم اعتدال در هر چیزی، ترس، نفرت، دشمنی، عدم توکل به خدا، ناشکری و عدم قدرشناسی، داروهای شیمیایی، آب خوردن بین غذا، زندگی در شرایط غیربهداشتی، عدم رعایت بهداشت فردی، کارکردن در فضاهای پرسروصدا و پرتنش و... .

با رعایت موارد سلامت، جریان خون پاک و سالم در رگ‌ها جاری می‌شود و موجب ارتقای سطح سلامتی می‌گردد. گلبول‌های سفید خون نقش اصلی و درواقع نقش سلول‌های جنگجو را به‌عنوان سربازان محافظ در سیستم ایمنی بدن ایفا می‌کنند.

وقتی سخن از یک زندگی سالم می‌شود، اغلب مردم شروع به گله و شکایت می‌کنند و چیزی که به ذهنشان می‌رسد، غذاهای بی‌مزه، رژیم، ورزش‌های سخت، گرانی، آلودگی هوا، تورم، غم، مرگ‌ومیر و ناراحتی است. درحالی‌که همه آرزوی شاد زیستنو سلامتی دارند.

برای سلامتی به چه چیزهایی نیاز داریم؟

هوای تازه، آب خالص، نور خورشید، غذاهای طبیعی، استراحت، ورزش، میانه‌روی و توکل به خدا، هشت عامل درمان طبیعی هستند که ما می‌توانیم برای حفظ و بهبود سلامتی‌مان از آن‌ها بهره بگیریم. چطور؟

• هوای تازه

پاک‌سازی هوا با نگهداری گیاهان، تنفس صحیح و شادابی، قاتل سلول‌های سرطانی هستند. تنفس خوب اعصاب را آرام، اشتها را تحریک و هضم غذا را آسان می‌نماید و خواب مناسب را در پی دارد. هوای تازه به‌قدری اهمیت دارد که انسان نمی‌تواند بدون هوا زنده بماند. یک پیاده‌روی صبحگاهی در هوای آزاد، گاهی چنان احساس خوبی در ما ایجاد می‌کند که در تمام روز ماندگار است.

• آب خالص

حدود ۷۰ درصد وزن بدن، ۹۰ درصد مغز و ۷۸ درصد خون از آب تشکیل شده است. به همین دلیل، توصیه شده است همهٔ افراد حداقل روزانه ۸ لیوان آب بنوشند. نوشیدن آب به میزان کافی در پاک‌سازی بدن، رفع یبوست و سردرد مؤثر است. توجه به رنگ ادرار، محدودیت در مصرف قهوه، چای، کاکائو و نوشابه اهمیت زیادی در سلامتی دارند. همچنین مدیریت مصرف آب خصوصاً هنگام دوش روزانه، شست‌وشو و... بسیار مهم است. متأسفانه تعداد زیادی از مردم دنیا و هم‌وطنان عزیز جنوب کشورمان به آب سالم دسترسی ندارند.

• نور خورشید

باعث تقویت سیستم ایمنی بدن، دفع سموم و مبارزه با سرطان، کاهش کلسترول، قند خون و فشارخون، بهبود ورم مفاصل، نابودی باکتری‌ها و تعادل هورمون‌ها می‌گردد و منبع غنی ویتامین D است که کمبود آن به پوکی استخوان، افسردگی و ریزش مو منجر می‌گردد.

• غذاهای طبیعی

به قول سقراط: «بگذارید غذای شما داروی شما باشد و داروی شما غذای شما.»

یکی از سالم‌ترین راه‌های بهبود زندگی، استفاده از غذاهای سالم و طبیعی است. بهتر است تا می‌توانیم از غذاهای آماده، کنسروی، فست

فودها، شکر و غذاهای چرب پرهیز و غذا را خودمان در منزل تهیه کنیم. باور کنید آشپزی اگر با عشق توأم باشد، یکی از بهترین سرگرمی‌ها و لذت‌های دنیاست. به رژیم غذایی خودمان بیشتر دقت کنیم و حواسمان بیشتر به ورودی‌های جسم و روحمان باشد. یکی از تفریحات موردعلاقهٔ من آموزش شیرینی‌پزی با عشق است.

- **استراحت و خواب کافی**

همان‌طور که طبیعت با آسودگی خاک، خواب زمستانی حیوانات، برگ‌ریزان پاییزی و شکوفه‌های بهاری درختان به استراحت نیاز دارد، ما هم به تفریح و استراحت نیاز داریم و کار بی‌وقفه و مداوم ما را غمگین و خسته می‌کند. خواب و استراحت کافی برای همهٔ افراد از ضروریات است. در شبانه‌روز حداقل ۸ ساعت خواب آرام و کافی برای رشد و ترمیم بدن افراد توصیه شده است. یادمان باشد تفریح و سرگرمی نیز در زندگی ضروری و به‌نوعی استراحت محسوب می‌شوند. برای داشتن خواب عمیق و راحت شبانه بهتر است:

- روتین معین و ساعت مشخصی برای خواب‌وبیداری داشته باشید.

- دو تا سه ساعت قبل خواب از نوشیدن قهوه یا چای، خوردن غذای سنگین، کشیدن سیگار و تماشای تلویزیون یا صفحهٔ موبایل خودداری کنید.

- محیط فیزیکی اتاق‌خواب را خنک، تاریک و ساکت نگه دارید و از یک رختخواب راحت و استاندارد استفاده کنید.

- قبل خواب دوش آب گرم بگیرید و مطالعه کنید.
- خواب طولانی بیشتر از نیم ساعت در روز خصوصاً غروب، مخل خواب شبانه است.
- فعالیت فیزیکی در طول روز به خواب راحت‌تر کمک می‌کند.
- نگرانی‌ها و مشکلات را قبل از خواب حل‌وفصل کنید و زمان خواب به آن‌ها فکر نکنید تا راحت‌تر بخوابید.

• ورزش

رمز شادی و تکامل، فعالیت است. امروزه به لطف ابزار مدرنی چون اتومبیل، وسایل برقی منزل، اینترنت و دستگاه‌های کنترل از راه دور، فعالیت افراد بسیار کم شده و افراد کارمند به‌واسطهٔ ساعات طولانی پشت‌میزنشینی کم‌تحرک شده‌اند. ورزش فواید زیادی نظیر کاهش حملات قلبی، افزایش کارایی ریه، بهبود ورم مفاصل، کاهش وزن افراد چاق، جلوگیری از بروز سرطان‌های شایع بانوان، عدم پوکی استخوان، بهبود استرس و اضطراب دارد. ورزش به دلیل افزایش ترشح هورمون سروتونین به شادی ما کمک می‌نماید. بنابراین، زیاد نشستن خوب نیست و انتخاب سبک زندگی فعالانه عاقلانه است.

برنامهٔ ورزشی باید ساده، مستمر و لذت‌بخش باشد. فعالیت‌هایی نظیر باغبانی، رقص، دوچرخه‌سواری، شنا و البته به نظر من ساده‌ترین و بهترین ورزش، پیاده‌روی است. من بارها در باشگاه ثبت‌نام کردم و به دلیل فشار مربی، دردهای کمر و زانو، کمبود وقت و... خسته شدم و

ورزش را رها کردم. این روزها به‌طور مداوم پیاده‌روی را در برنامهٔ روزانه‌ام گنجانده‌ام و با پیاده‌روی سرحال‌تر می‌شوم. همان‌گونه که قبل‌تر گفتم، برای ایجاد یک عادت جدید باید خیلی کوچک، اما مستمر و مداوم شروع کرد، مثلاً تعهد به روزی ۵ دقیقه پیاده‌روی یا انجام فقط یک حرکت شنا و... تا مسیر عصبی عادت جدید ساخته شود. بدیهی است اگر به‌یک‌باره تصمیم بگیریم روزی یک ساعت پیاده‌روی کنیم، مقاومت‌های ذهن آغاز و هر روز به بهانه‌ای از اقدام سر باز می‌زنیم.

یادمان باشد یک ضربهٔ بزرگ صرفاً همان ضربهٔ کوچکی است که تداوم یافته است. پافشاری یک راز و جزء مشترک تمام موفقیت‌های چشمگیر (تلاش، تلاش و تلاش) است.

اغلب افراد مأیوس و شکست‌خورده‌اند؛ مدتی تلاش می‌کنند، اما چون نتایج به‌کندی ظاهر می‌شوند، مأیوس می‌شوند و به دنبال یک کار آسان‌تر می‌روند. چند نفر را می‌شناسید که یادگیری نواختن یک ساز موسیقی را شروع و نیمه‌کاره رها کرده‌اند؟ یک رژیم لاغری را شروع و نیمه‌کاره رها کرده‌اند؟ ورزش و فعالیت را نیمه‌کاره رها کرده‌اند؟

دکتر ژوزف مورفی می‌گوید: «برای به‌دست‌آوردن لقمه‌ای نان، کارتان را به اعمال شاقه بدل نسازید، شادی و نشاط را با کار همراه سازید.»

• اعتدال و میانه‌روی

یادمان باشد در همهٔ امور زندگی اعتدال را رعایت کنیم. نور خورشید شفابخش اگر بیش‌ازحد اعتدال باشد، باعث سوختگی می‌شود. ورزش زیاد موجب خستگی و استراحت زیاد به تنبلی منجر می‌گردد. درنتیجه، بهتر است در همهٔ امور زندگی اعم از خوردن، پاکیزگی، تفریح و سرگرمی، بذل لطف و محبت، بذل عاطفه و... اعتدال را رعایت کنیم. وانیل یکی از خوشبوترین ادویه‌ها و بعد از زعفران گران‌ترین ادویهٔ جهان است و در اغلب شیرینی و کیک‌ها استفاده می‌شود، ولی همین مادهٔ خوشبو و دوست‌داشتنی اگر بیش‌ازحد مجاز استفاده شود، به تلخی کیک و حالت هیپنوز و بی‌حسی کامل در فرد منجر می‌شود.

• توکل و اعتماد به خداوند

اگر کشتی در ساحل و هواپیما در فرودگاه بماند چه اتفاقی می‌افتد؟ اگر آن‌ها را به خدمت نگیریم، نه‌تنها هزینهٔ ساخت بی‌جهت بوده است، بلکه فرسوده می‌شوند و از بین می‌روند. آب اگر راکد بماند می‌گندد. انسان هم اگر از رفتن متوقف شود، سرنوشت مشابهی خواهد داشت. جرج برنارد شاو در سن ۷۰ سالگی جایزهٔ نوبل را برد، بنجامین فرانکلین برخی از آثار درخشان خود را در سن ۸۴ سالگی نوشت و پابلو پیکاسو در دههٔ ۸۰ قلم بر بوم نهاد.

مسائل و مشکلات هر فرد تا حدی نتیجهٔ عادات و تصمیمات اشتباه خود اوست (هرچند معتقدم اشتباهات بخشی از فرایند یادگیری هستند

و دیکتهٔ نانوشته غلط ندارد)، استرس و فشارهای روحی، عوامل اصلی بیماری و مرگ در جامعهٔ مدرن امروز ماست. درواقع، ترس و نگرانی، نیروهای زندگی را بیرون می‌رانند. به‌طور مثال، اگر سگی به من حمله کند، غدهٔ آدرنالین مادهٔ بسیار سمی آدرنالین را وارد خون می‌کند تا به من قدرت فوق‌العادهٔ فرار یا مبارزه بدهد. وقتی غمگین یا عصبانی می‌شویم هم همین آدرنالین سمی در خون ما پمپ می‌شود که اگر دفع نشود، اندام داخلی بدن را تحت‌تأثیر قرار می‌دهد.

باید یاد بگیریم که سعی و تلاش خود را کنیم و مشکلات را به خدا بسپاریم. او به ما کمک می‌کند. با یک لبخند و با تسلط بر خویش، جلوی ترشح غدهٔ آدرنالین را بگیریم و اگر عصبانی شدیم با یک فعالیت مثل پیاده‌روی یا یک فعالیت فیزیکی دیگر آدرنالین سمی اضافی بدن را بسوزانیم. کافی است خودمان را آن‌طور که خدا می‌بیند ببینیم؛ آن‌گاه همیشه لبخند می‌زنیم.

پروموـد باتـرا می‌گویـد: «لبخنـد، زبـان جهانـی اسـت کـه در همـه جـای دنیـا فهمیـده می‌شـود.

به ازای هر ۱۰ دقیقه عصبانیت، ۶۰۰ ثانیه شادی را از دست می‌دهید.

اگر می‌خواهید ۱ ساعت شاد باشید، چرت بزنید؛

اگر می‌خواهید ۱ روز شاد باشید، به پیک‌نیک بروید؛

اگر می‌خواهید ۱ هفته شاد باشید، به مسافرت بروید؛

اگر می‌خواهید ۱ ماه شاد باشید، ازدواج کنید؛

اگر می‌خواهید ۱ سال شاد باشید، ثروتی به ارث ببرید؛

و اگر می‌خواهید تمام عمر شاد باشید، یاد بگیرید شغلتان را دوست داشته باشید!

فصل هفتم: رابطهٔ شادی با اعتمادبه‌نفس

اعتماد به نفس

خیلی اوقات تعریف عزت‌نفس و اعتمادبه‌نفس به‌درستی درک نشده است.

عزت‌نفس یعنی من ... هستم (من ارزشمند، توانا، مسئولیت‌پذیر، باشهامت، هدفمند و... هستم و تو هم ارزشمند هستی)، یعنی پذیرش خود، دنیا و دیگران. افراد باعزت‌نفس به همه فارغ از جنس، مقام، مذهب، ملیت و... احترام می‌گذارند، قدرشناس‌اند، خیلی راحت از دیگران تعریف می‌کنند و احساس امنیت دارند.

اعتمادبه‌نفس یعنی من می‌توانم. دو عنصر اساسی یا بال اعتمادبه‌نفس عبارت‌اند از «باور» و «مهارت» که بدون هر یک اعتمادبه‌نفس معنا ندارد.

فرد بااعتمادبه‌نفس با شرایط بهتر کنار می‌آید، دیدگاه واقع‌گرایانه‌تری دارد و از دید دیگران جذاب‌تر است. درواقع، بین آنچه هستیم و آنچه می‌خواهیم باشیم، یک شکاف وجود دارد: «ترس».

مسئول اعتمادبه‌نفس هر فرد تنها خودش است.

باور یعنی واکنش ما به رویداد بیرونی یا به زبان ساده‌تر، تفسیر ما از این دنیاست و اهمیت بسیاری در زندگی دارد.

هنری فورد می‌گوید: «چه فکر کنید موفق می‌شوید و چه فکر کنید شکست می‌خورید، درهرصورت حق با شماست.» پس باید مراقب باورهای محدودکننده و مخرب باشیم که حال ما را دگرگون نکنند.

رویدادها به‌تنهایی معنا ندارند و باورهای ما معنای رویداد را تعیین می‌کنند. هیچ آدم سالمی از شکست خوشحال نمی‌شود و موفقیت است که شادی در پی دارد.

لیستی از کارهای خوب، ویژگی‌ها و مهارت‌هایتان بنویسید و مرتب آن‌ها را مرور کنید (مثلاً من مهارت شیرینی‌پزی دارم، مهربانم، یادگیرندهٔ خوبی

هستم، تا مقطع کارشناسی ارشد تحصیل کرده‌ام، کارمندی نمونه هستم، خیاطی بلدم و...).

....
....
....
....
....
....
....

یکی از قاتلان اعتمادبه‌نفس کلمهٔ «باید» است، مثلاً من باید عالی و کامل باشم، من باید ماشین ... داشته باشم، من باید بهترین دوربین را داشته باشم، من نباید اشتباه کنم و... که موجب اختلالات روانی بی‌شماری می‌شود.

برای تمرین، ورودی‌های ذهنتان (باورهای مخرب، باید و نبایدها) را بشناسید، کمی مکث کنید و باورهای درست جایگزین را بنویسید، بر اساس باور درست اقدام و رفتار کنید و به ذهنتان کاری نداشته باشید (تکنیک جداسازی).

....
....
....
....

با مهارت‌اندوزی، بال دیگر اعتمادبه‌نفس کامل می‌شود. درواقع، در چرخهٔ اعتمادبه‌نفس ما با خروج از دایرهٔ امن و تمرین مهارت، مهارت را در زندگی عملی به کار می‌گیریم، نتایج حاصله را ارزیابی و در صورت نیاز اصلاح می‌کنیم. در بخش مغز گفتیم که تمرین و تکرار هر کاری باعث ساخت مسیر عصبی می‌شود و مغز انعطاف‌پذیر آن مهارت را می‌آموزد. با اقدام و آموختن مهارت، انگیزه و اشتیاق ایجاد و به شادی منجر می‌شود.

همین حالا لیستی از مهارت‌هایی را که می‌خواهید یاد بگیرید با جزئیات و دقیق بنویسید و اقدام کنید. مثلاً اگر می‌خواهید مهارت شیرینی‌پزی را کسب کنید، بنویسید: چه موقع؟ چطور؟ کجا؟ و نزد چه کسی؟ مثلاً من هر روز ساعت ۶ عصر نیم ساعت پخت دستورات شیرینی‌پزی مربی‌ام را در منزل تمرین می‌کنم.

....
....
....
....
....
....

لطفاً از این به بعد برای با اعتمادبه‌نفس بودن، شاد و قدرتمند سلام کنید، با دیگران ارتباط چشمی برقرار کنید، با پشت و سر صاف، به دور از تردید و محکم صحبت کنید.

فصل هشتم:
رابطهٔ سپاسگزاری و شکرگزاری با شادی

شاکر بودن ضامن شادی است. هرکسی که سپاسگزار باشد، نعمت‌های بیشتری به او هدیه خواهد شد و قلب انسان سپاسگزار همیشه لبریز از شادی و سرور است. هنگامی که سپاسگزار نعمت‌هایمان هستیم، مرکز توجه خود را بر خواسته‌های مطلوب خود قرار می‌دهیم و مواهب تازه‌ای را به زندگی جذب و دعوت می‌کنیم.

خداوند بی‌نیاز مطلق است و هرگز به سپاسگزاری ما نیاز ندارد، اما سپاسگزاری در زندگی همهٔ انسان‌ها معجزه می‌آفریند. چطور؟ انسان سپاسگزار به‌جای گله، غر و شکایت همواره خشنود است و آرامش و رضایت خاطر در وجودش موج می‌زند. ایمان قلبی و باور دارد که:

«خدا گر ز حکمت ببندد دری   ز رحمت گشاید در دیگری»

غر زدن یعنی اعلام نارضایتی به روش اشتباه، به آدم اشتباهی درمورد موضوعی غیرقابلِ‌تغییر به فرد نامرتبط. تمرین کنیم مطالبه‌گری را جایگزین غر زدن کنیم. ناراضی بودن از زندگی دو راه دارد: تغییر یا پذیرش. درحالی‌که اغلب افراد غر زدن را انتخاب می‌کنند.

همان‌طور که می‌دانید، کار مغز ما حفظ حالت موجود است، نه ایجاد تغییر. پس باید ببینیم چه چیزهایی را نمی‌توانیم تغییر دهیم (محل تولد، والدین، شرایط اقتصادی، وضعیت آب‌وهوا و رئیس اداره و...)، به آن‌ها توجه نکنیم و تمام توجه خود را روی چیزهایی که می‌توان تغییر داد (رفتار، مهارت‌ها، انتخاب‌ها و...) متمرکز کنیم.

برخی از افراد می‌گویند: «من از هیچ خدمتی برای دیگران فروگذار نمی‌کنم، اما هیچ‌وقت نمی‌توانم از کسی بخواهم کاری برایم انجام دهد.» این عجیب است و دنیا پر شده است از انسان‌های مأیوس که حتی از عنوان‌کردن خواستهٔ خود امتناع می‌کنند.

درحالی‌که بیان خواسته اهمیت دارد، زیرا:

- نشانهٔ اعتمادبه‌نفس است.

- برای خود ارزش قائلیم و به دیگران تفهیم می‌کنیم که ما حق‌وحقوقی داریم.

- برای سلامت ما نیز مهم است، چون اگر خواستهٔ خود را عنوان نکنیم، احتمالاً نادیده گرفته شده و کنار گذاشته می‌-شویم.

اولین قدم منطقی، تفهیم خواستهٔ خود به رئیس، خانواده، دوست، همکار و... است، زیرا آن‌ها قادر به خواندن ذهن ما نیستند. این امر لذت کمک‌کردن را برای دیگران در بردارد و امتناع از درخواست‌کردن نوعی خودخواهی است.

بعضـی وقت‌هـا جـواب «منفـی» اسـت. بـرای به‌دسـت‌آوردن هـر چیـزی ابتـدا بایـد خـود را متقاعـد کنیـم کـه ارزش آن را داریـم. وقتـی در ضمیـر هوشـیار و ناهوشـیار مـا ایـن احسـاس ارزش بـه وجـود آمـد، آنـگاه اغلـب خواسته‌ها و نیازهای ما جامهٔ واقعیت می‌پوشـند. یکـی از بهتریـن راه‌هـای ایجـاد ایـن حـس، درخواسـت کـردن اسـت.

اگـر نفـس می‌کشـید، سـقفی بـالای سـر، غذایـی بـرای خـوردن، آب بـرای آشـامیدن، لبـاس تمیـز، هـدف و رؤیـا، قلـب مهربـان و کسـی کـه بـه شـما اهمیـت می‌دهـد یـا دعایتـان می‌کنـد داریـد، شـما خوشـبخت هسـتید و خیلـی چیزهـا بـرای شـاد بـودن داریـد کـه بایـد بـرای آن‌هـا شـکرگزار خالـق مهربـان باشـید. هرلحظـه احسـاس کردیـد شـکر خـدا کار دشـواری اسـت، در جایـی خلـوت بـا چشـمان بسـته بنشـینید، نفـس عمیقـی بکشـید و بابـت اکسـیژنی کـه بـا آن نفـس می‌کشـید و خدایـی را کـه ایـن اکسـیژن را رایـگان در اختیارتـان نهـاده اسـت شـکر کنیـد.

شمارش نعمت‌ها

وقتـی صبـح چشـمان خـود را بـاز می‌کنیـم و از خـواب برمی‌خیزیـم، نعمـات زیـادی بـرای شـکرگزاری داریـم کـه می‌توانیـم از خداونـد بابـت آن‌هـا سپاسـگزاری کنیـم:

نـور خورشـید، فرصـت زندگـی دوبـاره، نفـس رایگانـی کـه می‌کشـیم و اگـر فقـط ۴ دقیقـه بـه مـا نرسـد می‌میریـم، غذایـی کـه داریـم، شـادی زنـده

بودن، خانواده، تک‌تک اعضای سالم بدنمان، خانه، شغل، درآمد، فرزند سالم، والدین در قید حیات، آب، عشق، دوست، موفقیت، پول، شادی و تحصیلات.

راندا برن می‌گوید: «گاهی اوقات ما به‌راستی زندگی نمی‌کنیم، فقط زنده‌ایم و روزها را یکی پس از دیگری سپری می‌کنیم.»

با سپاسگزاری، رویدادهای خوشایند یکی پس از دیگری اتفاق می‌افتند و از همه مهم‌تر احساس شادمانی در ما بسیار فراتر از حد تصور می‌شود. متأسفانه وقتی سپاسگزار نیستیم، نعمت‌های زندگی را کم‌اهمیت می‌پنداریم و احساس خوبی نداریم.

به قول ویرژیل: «بزرگ‌ترین ثروت دنیا، سلامتی است.»

کاری که من کردم، این بود که ابتدا قلم و کاغذ برداشتم و خواسته‌هایم را نوشتم. اینکه قصد دارم در زندگی به چگونه انسانی تبدیل شوم و رسالتم چیست؟ چه کار ارزشمندی در این راستا می‌توانم انجام دهم؟ از چه امکانات و نعمت‌هایی بهره‌مندم؟ هر روز صبح ابتدا نعمت‌های زندگی‌ام را شمردم. شکرگزاری روزانه، روتین صبحگاهی و عادت مثبت در زندگی‌ام شده است. توصیه می‌کنم شما هم دفتر شکرگزاری روزانه داشته باشید و نعمات خود را در آن ثبت کنید.

من برای بهره‌مندی از نعمتی چون اکسیژن هوا بسیار سپاسگزار و شاد هستم، زیرا باعث تنفس و حیات من است. خدایا سپاسگزارم.

خدایا امروز بابت ....

..

سپاسگزارم (حس چشایی، بویایی، بینایی، شنوایی، لامسه، انگشتان، دست‌ها و پاهای سالم، تک‌تک سلول‌های بدنم، مغز و ذهن شگفت‌انگیزم، قلب سالم، موهبت زندگی، هوش و ذکاوت، قدرت تکلم و...).

یا من امروز بسیار شادم که .... خدایا سپاسگزارم.

از وقتی نعمت‌های زندگی را می‌شمارم و سپاسگزاری می‌کنم، احساس شادی بیشتری دارم و کمتر لب به شکایت باز می‌کنم. هر بار افکار منفی به سراغم می‌آیند، تلاش می‌کنم با یادآوری یک نعمت فرمان مغز را در دست بگیرم و به باورهای مخرب اجازه ندهم که موجب حال بد من شوند. زندگی شادی‌بخش است، اگر با قواعد آن بازی کنیم و رویدادها و اتفاقات پیرامون خود را نشانهٔ شگفت‌انگیزی ببینیم که ما را یاد سپاسگزاری می‌اندازند. وقتی صدای آژیر آمبولانس را می‌شنوید، پیام شگفت‌انگیز کائنات این است که «به دلیل سلامتی از خدا سپاسگزار باش».

دنیا پر از شادی و برکت و فراوانی است. کافی است زاویهٔ دید خود را تغییر دهیم. ما چه چیزی را می‌بینیم؟ کمبود یا فراوانی؟ عشق یا نفرت؟ انتقاد یا تأیید؟ انعطاف‌پذیری یا مقاومت؟ رنج یا شادی؟

تمرین‌ها

علاوه بر تمرین‌هایی که در متن کتاب و در هر فصل انجام دادید، تمرین‌های تکمیلی زیر نیز برای شاد بودن توصیه می‌شوند:

• صبح به‌محض بیدار شدن و باز کردن چشم‌ها ابتدا به آیینه نگاه کنید و لبخند بزنید. بعد از مدتی معجزه‌اش را در زندگی خواهید دید.

• با صدای بلند و پرانرژی به دیگران سلام و صبح‌به‌خیر بگویید.

• در روز ۵ بار و هر بار ۱ دقیقه جلوی آیینه بایستید و لبخند گشاده‌ای بزنید، به‌طوری‌که دندان‌هایتان را ببینید و یک جملهٔ تحسین‌انگیز به خود بگویید؛ مثلاً سلام .... توانا. نتیجهٔ آن اعجاز‌آور است و شادی و نشاط و آرامش در وجود شما جاری می‌گردد.

- هر روز دست‌کم به یک نفر بگویید که کدام صفت او را دوست دارید یا تحسین می‌کنید. درنتیجه، حال هر دوی شما خوب می‌شود.

- مثبت بیندیشید و به افکار منفی اجازه ندهید روزتان را خراب کنند. از تکنیک‌های کتاب استفاده کنید و ببینید مثل ابرهای آسمان عبور می‌کنند.

- شادی خود را به هیچ‌چیز و هیچ‌کس منوط و وابسته نکنید؛ اگر. ....
، شاد می‌شوم. خصوصاً چیزهایی که در کنترل و اختیار شما نیستند.

- تصویر ذهنی آرزو و رؤیای خود را با تمام جزئیات ریز آن و در زمان حال روی کاغذ بنویسید.

- اهداف خود را واضح و مشخص با دلیل بنویسید و آن‌ها را به بخش‌های کوچک تقسیم کنید.

• روزانـه برنامه‌ریـزی و کارهایتـان را اولویت‌بنـدی کنیـد. بـرای ایـن کار لیسـت کارهـای روز بعـد را بنویسید و آن‌هـا را طبـق ماتریـس آیزنهـاور در چهار گـروه دسته‌بندی کنیـد: مهـم، غیرمهـم، فـوری و غیرفـوری.

کار طلایی روزانهٔ شما کار مهم و فوری است.

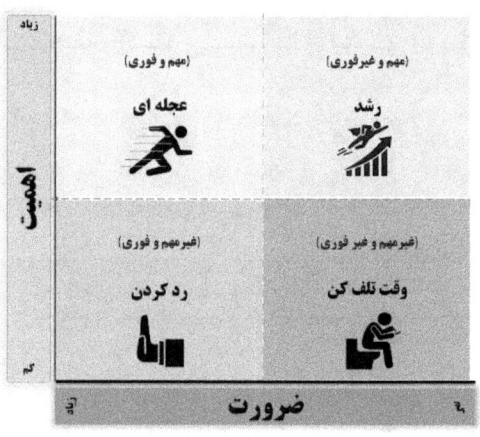

• سپاسـگزاری و قدردانـی را تکـرار و تمریـن و بـه بعـدی از شـخصیت خـود تبدیـل کنیـد تـا از مسـیر سـفر زندگی لـذت کافـی ببریـد. سپاسـگزاری، تحسـین صادقانه و صمیمانه افـراد که از دل برآید، در جادهٔ زندگی سرسـبزی و عشـق می‌نشـاند.

• صبـور باشـید و بـرای رسـیدن به اهـداف و آرزوهایتـان زمان و انرژی کافی صـرف کنید.

- باورهای محدودکنندهٔ اعماق ذهن خود را شناسایی و باور جدید را جایگزین آن کنید.

- به‌جای اینکه درخواست‌های خود را با خجولی‌گری پنهان یا به‌طور دستوری با دیگران مطرح کنید، در عین ادب و احترام و با شهامت درخواست خود را مطرح کنید و آمادگی نه شنیدن هم داشته باشید.

- گفت‌وگو و ارتباط خود را با مهربانی آغاز کنید تا نتیجهٔ بهتری بگیرید. شروع گفت‌وگو با دعوا و انتقاد هرچند حق با شما باشد، حالت دفاعی برای فرد مقابل ایجاد می‌کند. شاید به نظر برسد با خشمگین شدن و تخلیهٔ عصبانیت حس خوبی می‌گیرید، اما طرف مقابل چنین حسی ندارد و به‌جای کسب نتیجه، ناخودآگاه به دلخوری، ناراحتی و کدورت منجر می‌گردد.

- برای دوری از کمال‌گرایی، عزت‌نفس و شهامت خود را تقویت کنید، برای کارها مهلت انجام تعیین کنید و سریع اقدام نمایید. یادتان باشد که اشتباه کردن جزئی از ویژگی‌های انسانی است و هیچ‌چیزی را افراطی نخواهید.

- لیستی از کارهایی که برایتان مفرح است بنویسید که هر زمان لازم بود، با مراجعه به لیست و انتخاب یکی از کارها احساس شادی کنید. تفریح، لذت، شوخی و اوقات فراغت از نیازهای اساسی انسان است.

- لیستی از آنچه موجب خوشحالی و آنچه موجب ناراحتی شما می‌شود تهیه کنید. آگاهانه لیست را بررسی کنید، اقداماتی را که برای اصلاح آن نیاز است یادداشت نمایید و هر روز گام کوچکی در راستای آن بردارید.

- مشکلات خود را یادداشت کنید و بدون قضاوت و سرزنش آن‌ها را بررسی و دسته‌بندی نمایید. برای آن‌هایی که در دایرهٔ کنترل شما هستند، راهکار عملی و ممکن بیابید و برای حلشان اقدام کنید.

- آنچه را که واقعاً در زندگی می‌خواهید بنویسید و برایش برنامه‌ریزی کنید. اگر برای رسیدن به خواسته‌تان به کمک نیاز دارید، حتماً با جزئیات مسیر را تصویرسازی و اقدام کنید.

- نیازهای اساسی خود را شناسایی و رتبه‌بندی کنید. سپس برای تعادل در نیازهای زندگی و در راستای رسیدن به رضایت، شادی و آرامش اقدام کنید.

- به‌جای غر زدن یک سؤال خوب بپرسید. در زندگی عقاب باشید، نه مرغابی!

- برای لمس شادمانی جاودانه، خود و دیگران را ببخشید.

- برای دستیابی به شادی شش کیسه شن زیر را از بالون زندگی رها کنید:

ترس از شکست، شک، بهانه، گفت‌وگوی منفی و نامهربان با خود، افکار منفی و افراد سمی و منفی.

خلاصه

زندگی آن‌قدرها هم جدی نیست. درواقع، زندگی یک بازی است که ما باید در آن جدی بازی کنیم، اما آن را جدی نگیریم. هر روز یک روز جدید است. پس هر صبح باید از خودمان سؤال کنیم «امروز چه کار ویژه‌ای است که با انجام-دادن آن بیشترین لذت را می‌برم؟» و به آن عمل کنیم. زندگی سهم مردم افسرده و جدی نیست، زندگی به کسانی تعلق دارد که انتخاب کرده‌اند شاد باشند و می‌دانند بودنشان را چگونه جشن بگیرند.

خنده بهترین داروی شاد بودن است و فاصلهٔ بین انسان‌ها را کوتاه می‌کند. هنگام خنده، هورمون آندروفین در مغز آزاد می‌شود و احساس سبکی و «پرواز طبیعی» به ما می‌دهد. بازدهی سیستم تنفسی مانند زمانی است که ورزش دو انجام داده‌ایم. خنده درد را تسکین می‌دهد و هنر شاد بودن مستلزم توانایی خندیدن به مشکلات در کوتاه‌ترین زمان ممکن است. کافی است «م» را از مشکلات برداریم و آن را به شکلات تبدیل کنیم، بخندیم و از زندگی لذت ببریم. از قدیم گفته‌اند: «خنده بر هر درد بی‌درمان دواست». پس باید شرایط خنده را با تماشای فیلم و سریال‌های کمدی و طنز، ارتباط با افراد شوخ و بذله‌گو و... برای خودمان فراهم کنیم.

لبخند زیباترین کلمهٔ ۵ حرفی در زندگی ماست. این به شما بستگی دارد که لبخند بزنید یا اشک بریزید و غصه بخورید. از فردی پرسیدند: «در زندگی مشکلی داری؟» گفت: «نه.» گفتند: «پس چرا نگرانی؟» از دیگری همین سؤال را پرسیدند و گفت: «بله» گفتند: «می‌توانی برایش کاری کنی؟» گفت: «بله.» گفتند: «پس چرا نگرانی؟»

برنارد شاو می‌گوید: «مردی که در نبرد زندگی می‌خندد، قابل‌ستایش است.»

اضطراب و نگرانی مانع آرامش ذهنی ماست و تنها چیزی که می‌توان کنترل کرد لبخند است. کافی است هر روز صبح خود را با لبخند، سلام و یاد خدا آغاز کنیم و به مشکلات لبخند بزنیم. این‌گونه انرژی آن در کل روز همراه ما خواهد بود و با لبخند روز خود را خاتمه می‌دهیم.

بتهوون می‌گوید: «اگر می‌خواهی خوشبخت باشی، برای خوشبختی دیگران بکوش، زیرا آن شادی که ما به دیگران می‌دهیم، به دل خود ما برمی‌گردد.»

برای شاد زیستن دائماً به خود یادآوری کنید که:

- من می‌خواهم شاد باشم. این انتخاب من است و مسئولیت صد درصد آن را می‌پذیرم.
- همیشه لبخند بزن؛ تو با لبخند زیباتر و دوست‌داشتنی‌تر هستی.
- با افراد مثبت‌اندیش در ارتباط باش.

- هرگز از خود انتقاد نکن.

- موفقیت‌های آیندهٔ خود را در ذهن تجسم کن.

- مشکلات را در قالب چالشی گذرا ببین.

- به توانایی‌هایی که خدا در وجودت نهاده است ایمان داشته باش.

- از کلمات و عبارات مثبت استفاده کن.

- برای تمام چیزهای زندگی سپاسگزار و شکرگزار باش.

- یک تغییر کوچک و مثبت در روابطت انجام بده.

- موفقیت‌های کوچکت را به خود یادآوری کن و تشویق و پاداش را فراموش نکن.

- سعی کن به وجههٔ مثبت هر چیزی توجه کنی (دیدن نیمهٔ پر لیوان).

- هر آنچه را که به تو احساس خوب می‌دهد بنویس و مرتب مرور کن.

- دیگران را بدون هیچ قیدوشرطی و همان‌گونه که هستند بپذیر و دوست بدار.

- هر روز اقدام کوچکی برای ساخت یک عادت خوب انجام بده.

- دیروز خاطره بود، حسرتش را نخور. امروز هدیه‌ای ارزشمند است، قدرش را بدان.

- دست از قضاوت خود و دیگران بردار. بهترین راه رهایی از قضاوت، شکرکردن و قدردانی است.

- از هیچ‌چیز و هیچ‌کس توقع نداشته باش. توقع مانعی بزرگ برای شادی است.

- به اطرافت خوب گوش بده. گوش‌دادن غنی‌ترین راه عشق‌ورزی است.

- کتاب زندگی چاپ دوم ندارد تا می‌توانی شاد، عاشق، خالص و شاکر زندگی کن.

- دیگران را ببخش، اما گذشت نکن.

- گرفتار حرف و قضاوت مردم نشو، حتی اگر فرشته باشی، ممکن است کسی از صدای بال‌زدنت خوشش نیاید!

- مسئولیت صددرصدی زندگی خودت را بپذیر، بهترین مراقبت را از خود دریغ نکن و خویشتن‌دوستی را در هر شرایطی تمرین کن. اولین اولویت زندگی خودت باش.

خدایا، هیچ‌کدام از کارهای بالا هزینه‌ای برای ما ندارند. پس چرا آن‌ها را از خود دریغ می‌کنیم؟

به قول استاد حلت: «انسانی خوشبخت، موفق و بااعتمادبه‌نفس است که دوستان شاد، بانشاط و مثبت‌اندیش داشته باشد. روز خود را با یک آدم منفی خراب نکنید. هروقت غمگین شدید، بلند شوید و بدوید. به نوارهای غمگین گوش ندهید.»

نکتهٔ پایانی

هرمان ابینگهاوس، روان‌شناسی آلمانی بود که روی ظرفیت مغز انسان کار کرد و پس از سال‌ها به این نتیجه رسید که مغز انسان برای نگهداری اطلاعات، ظرفیت مشخصی دارد، یعنی اینکه برخی از موضوعات خودبه‌خود از ذهن انسان پاک می‌شوند، مگر اینکه مرور شوند.

طبق نمودار فراموشی هرمان ابینگهاوس، مطلبی را که خوانده‌اید یا حین تدریس یاد گرفته‌اید تا چه زمانی به خاطر دارید؟

همان لحظه: ۱۰۰ درصد مطالب را به خاطر دارید.

پس از ۲۰ دقیقه: حدود ۶۰ درصد مطالب را به خاطر می‌آورید.

پس از ۱ ساعت: حدود ۴۵ درصد مطلب را به یاد دارید.

پس از ۹ ساعت: حدود ۳۵ درصد مطلب را به یاد می‌آورید.

پس از ۱ روز: فقط ۳۳ درصد مطلب را در ذهن دارید.

پس از ۲ روز: فقط ۲۸ درصد مطلب در ذهن شما مانده است.

پس از ۶ روز: حدود ۷۵ درصد مطلب فراموش شده است.

پس از ۲۱ روز: فقط ۲۰ درصد مطلب را به خاطر می‌آورید.

پس برای به‌خاطرسپردن آموخته‌ها، مرور امری ضروری است. اما چطور؟

اولین مرور: ۹ ساعت پس از تدریس یا مطالعه برای اولین بار؛

دومین مرور: فردای همان روز؛

سومین مرور: ۲ روز پس از مطالعه برای اولین بار؛

چهارمین مرور: ۱ هفته پس از مطالعه برای اولین بار؛

پنجمین مرور: ۱ ماه پس از مطالعه برای اولین بار.

گفتیم شادی یک انتخاب و شاد بودن قابلِ یادگیری است و می‌دانیم که یادگیری یک فرایند است. به همین دلیل، اگر با برنامه و مرورهای منظم این کتاب را بخوانید و تمرین‌های آن را انجام دهید، آموخته‌ها به حافظهٔ بلندمدت شما منتقل می‌شوند و حالا حالاها فراموش نمی‌شوند.

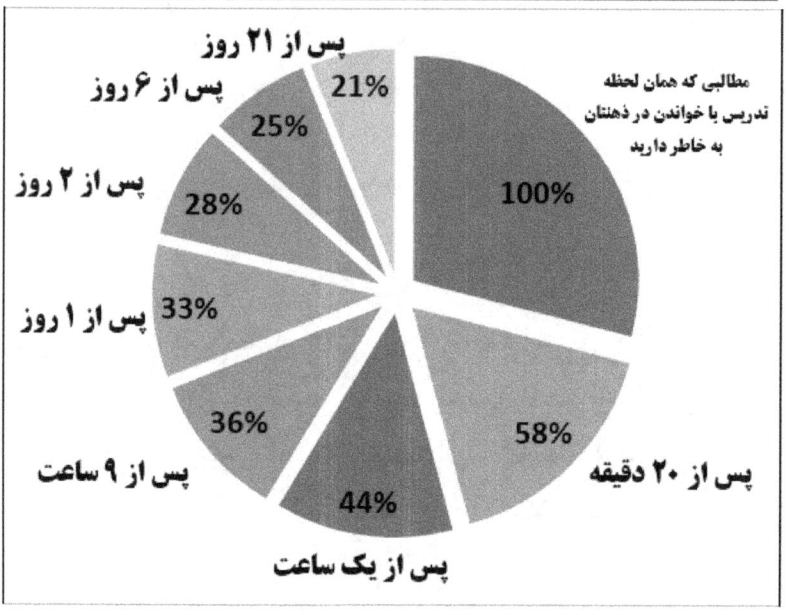

نمودار فراموشی هرمان ابینگهاوس

سپاسگزاری و قدردانی از:

پدر و مادر ارزشمندم که از کودکی مشوق من در امر تحصیل بودند و دعای خیرشان همواره بدرقهٔ راهم بوده و هست؛

همسر و پسر نازنینم که ارزشمندترین نعمات زندگی من هستند و در مسیر رشد و پیشرفت، همیشه حامی، کمک و همراهی بی‌نظیرند؛

پسرم، خلبان ایمان قهرمان‌زاده، بابت کمک و راهنمایی‌های بسیار در مسیر پرپیچ‌وخم زندگی؛

استاد محمدپیام بهرام‌پور بابت آموزه‌های ارزشمند و کمک و تشویق بی‌دریغشان؛

تمام معلمان، آموزگاران، نویسندگان و استادان ارزشمندی که از کودکی تاکنون افتخار شرکت حضوری در کلاس‌هایشان، مشارکت شنیداری در دوره‌های آنلاینشان، مطالعهٔ کتاب‌هایشان و... را داشته‌ام؛

و در پایان، از تمام کسانی که باورم نداشتند و گفتند: «تو نمی‌توانی»، زیرا انگیزه و دلیلی برای تلاش بیشتر و ارادهای مصمم و قوی‌تر برای ادامهٔ مسیر رشد من شدند.

چند کتاب پیشنهاد سردبیر انتشارات برای شما

برای تهیه کتاب ها از آمازون یا وبسایت انتشارات می توانید بارکدهای زیر را اسکن کنید

kphclub.com

Amazon.com

Kidsocado Publishing House
خانه انتشارات کیدزوکادو
ونکوور، کانادا

تلفن : ۸۶۵۴ ۶۳۳ (۸۳۳) ۱+
واتس آپ: ۷۲۴۸ ۳۳۳ (۲۳۶) ۱+
ایمیل: info@kidsocado.com
وبسایت انتشارات: https://kidsocadopublishinghouse.com
وبسایت فروشگاه: https://kphclub.com